N° 68

"*Pages actuelles*"
1914-1916

L'Allemagne, les Neutres et le Droit des Gens

PAR

ROBERT PERRET
Docteur ès lettres

BLOUD ET GAY, ÉDITEURS
7, PLACE SAINT-SULPICE, PARIS

ROBERT PERRET

DOCTEUR ÈS LETTRES

L'Allemagne, les Neutres et le droit des gens

PARIS

BLOUD ET GAY, ÉDITEURS

7, PLACE SAINT-SULPICE, 7

1916

L'Allemagne, les Neutres et le droit des gens

Un juriste allemand, le célèbre A. G. Heffter, enseignait vers le milieu du dernier siècle, en sa chaire de Berlin, que la morale des peuples est soumise aux obligations de la morale individuelle et que si l'histoire enregistre bien des infractions à ces lois, il n'existe pas moins une conscience universelle : « De même que les hommes entre eux, les nations, à moins qu'elles ne prétendent vivre dans un isolement complet, doivent se respecter mutuellement comme membres de l'association humaine. » On estime, en général, que les violations du droit public sont dépourvues de sanction ; mais de même qu'une suite de fautes, en favorisant une passion, brise l'équilibre de nos dons et engendre la souffrance, de même qu'un vice physique compromet la santé, de même aussi les violences internationales comportent quelquefois leurs châtiments : « Une nation peut prendre un tel accroissement qu'il pourra devenir par la suite un danger pour les autres nations. La politique conseille la réunion collective de toutes les forces, pour prévenir ou pour repousser le danger commun. C'est là surtout que la politique de coalition a obtenu ses plus beaux triomphes. » Enfin, à l'image des hommes, qui doivent être charitables envers les humbles parce que tous sont les fils d'un même Dieu, « les nations, en tant qu'elles sont souveraines ou indépendantes les unes des autres, ne pourront être considérées entre elles que sous le point de vue d'une égalité complète. L'Etat le plus faible a les mêmes droits politiques que le plus fort (1). »

Nul ne blâmera ces maximes généreuses du professeur de Berlin ; il est cependant permis de ne plus le suivre lorsqu'il déclare que la morale internationale est une création allemande. Sans doute, le droit public compta beaucoup d'adeptes outre-Rhin après les guerres de Napoléon, mais il y eut un *jus gentium* bien avant les écrits de Schmalz et de Bluntschli, même avant ceux de Puffendorf et de Moser. On découvre, à l'état de simple germe, précédant la floraison chrétienne, un sentiment de confraternité entre les tribus ou les peuples qui se regardaient comme semblables. Les Grecs se croyaient tout permis envers ceux qui n'appartenaient point à la race hellénique, les Barbares, ces ennemis naturels avec lesquels la guerre ne cessait point ; mais si divisée que fût l'Hellade en ligues aspirant à la suprématie, il y avait un κοινός νόμος Ἑλλήνων, un ensemble de rapports juridiques que chaque État devait res-

1. A. G. Heffter, *le Droit international de l'Europe.* Traduction Jules Bergson, 3e édition.

pecter. L'amphictionie de Delphes était une fédération religieuse qui avait le privilège de suspendre les guerres pendant le temps nécessaire aux jeux pythiques ; des hérauts allaient annoncer au loin la paix sacrée, sorte de Trêve de Dieu qui précéda les décrets de nos conciles. Les Romains menaient la guerre sans ménagement ; ils aspiraient à la domination universelle, ce qui est contraire au principe même du droit des gens ; pourtant ils avaient un droit fécial, n'entamaient point les hostilités sans les avoir déclarées suivant certains rites, laissaient aux peuples vaincus leurs usages, leur religion et parfois leurs coutumes juridiques. Quand Rome croyait avoir à se plaindre de l'un de ses voisins, le *pater patratus* se rendait à la frontière, ceint d'une couronne de verveine cueillie au Capitole ; il invoquait les dieux des limites, énumérait les griefs du Sénat et s'écriait : « Si c'est contre le droit et ma conscience que je demande qu'on me livre ces personnes et ces choses, à moi le messager du peuple romain, que Jupiter ne me laisse jamais rentrer dans ma patrie. » Ces paroles étaient répétées en territoire ennemi, aux magistrats de la capitale, et le recours aux armes ne pouvait avoir lieu qu'au bout de trente-trois jours (1). Rome pratiquait l'usage des traités et loin de les considérer comme des chiffons de papier les mettait par des sacrifices sous la

1. Victor Duruy. *Histoire des Romains*, t. I, p. 103. Arnobe, VI, 25.

protection divine. Le fécial tuait la victime avec un caillou de silex, pierre d'où jaillit l'étincelle et que la croyance plaçait dans la main de Jupiter.

L'évangile ne limite pas, comme le monde ancien, le devoir de la miséricorde entre les descendants d'une même race ; il ne connaît point de barbares et abolit ces distinctions entre hommes tous rachetés par un même holocauste. A la femme de Sichar, aussi bien qu'aux membres du peuple élu, le Christ a promis la vie éternelle : « Cette femme samaritaine lui dit : Comment vous, qui êtes Juif, me demandez-vous à boire à moi qui suis Samaritaine? car les Juifs n'ont point de commerce avec les Samaritains. Jésus lui répondit : Si vous connaissiez le don de Dieu, et qui est celui qui vous dit : Donnez-moi à boire, vous lui en auriez peut-être demandé vous-même, et il vous aurait donné de l'eau vive (1). » Devant le puits de Sichar a plié pour la première fois la fierté antique ; le Rédempteur y enseigna l'humilité et le dévouement ; il y renouvela son commandement le plus élevé, qui est celui de l'amour. Or l'amour engendre une liberté messagère de paix. C'est pourquoi l'Église catholique, pendant le Moyen Age, a entrepris l'éducation des peuples. Des guerres inexpiables avaient mis aux prises les Latins et les Germains, les musulmans et les chrétiens, les gibelins et les guelfes, les empires, les royaumes et les grands feudataires d'un même

1. Évangile selon saint Jean. Chapitre IV, 9 et 10.

royaume les uns avec les autres. Il fallait rendre l'Europe habitable et ce fut la tâche du seul pouvoir qu'aucune force, même la force impériale allemande, ne put jamais asservir : la papauté.

En France, des conciles à moitié laïques et ecclésiastiques qui se tinrent à Charroux, à Limoges, au Puy, à Poitiers ordonnèrent : « Que dorénavant aucun homme ne fasse irruption dans une église ; que personne ne moleste ou injurie les moines et leurs compagnons ; qu'aucun n'ose prendre un paysan ou une paysanne, ne ravisse ou ne tue les poulains, les bœufs, les ânes, les moutons, les chèvres et les porcs ; que nul n'arrête les marchands et ne pille leurs marchandises. » Ceux qui rompraient cette *Paix de Dieu* seraient excommuniés. Le concile de Toulouges décida, en outre, que pendant l'Avent et le Carême il y aurait trêve aux guerres privées ; ce fut la *Trêve de Dieu.* A la suite du concile de Clermont, le pape Urbain II proclama la Paix et la Trêve de Dieu entre tous les peuples européens. Un moine bolonais, Gratien, compila, vers 1140, un recueil de décrétales où sont traitées les lois de la guerre. Bien qu'il s'agisse d'une œuvre privée, sans caractère officiel, on y trouve un écho assez fidèle de la doctrine catholique. Les hostilités sont permises entre chrétiens, mais seulement pour se préserver d'un mal insupportable et lorsque les moyens de persuasion ont échoué ; une certaine somme de souffrances doit être endurée en vue de la paix ; les gens de bien n'ont pas tout pouvoir pour supprimer le mal, ce qui serait usurper le rôle de Dieu ; Notre-Seigneur lui-même n'a-t-il point toléré la présence de Judas : *Christus Judam toleravit et ad prædicandum misit, eique cum aliis Eucharistiam dedit?* Si la guerre éclate cependant, les belligérants sont tenus de respecter la population civile et ses biens ; sont retranchés du sein de l'Église ceux qui se rendent coupables d'incendies et de mutilations, ceux qui ordonnent ces crimes, ceux même qui les laissent commettre sans les avoir prescrits expressément : *Si quis membrorum truncationes, domorum incendia fecerit, sive facere jusserit, aut faciendi consenserit, quousque de his unicuique legaliter et amicabiliter coram Episcopo civitatis, aliisque civibus non emendaverit, ab Ecclesia se privatum agnoscat* (1).

Religion universelle, le catholicisme a lié les hommes par la communauté de sa doctrine, de ses cérémonies auxquelles furent conviés les sujets de toutes les nations, de sa langue identique dans la bouche de tous ses prêtres. Quelle unité dans l'art chrétien ! Depuis les bords du Rhin jusqu'à ceux de l'Èbre, que ce fut à Cologne, à Bruxelles, à Reims ou à Burgos, Germains, Latins ou Celtes joignaient leurs âmes aux mêmes heures dans un hommage au même Dieu. Ils priaient dans des vaisseaux semblables où ils n'entendaient que des paroles d'amour. A la porte des temples sacrés,

1. *Decretum Gratiani. Pars secunda. Causa XXIII.* Lyon, Édition de 1613.

partout dessinés en forme de croix, s'apaisaient les haines sous le fardeau desquelles le Christ avait succombé. Les églises étaient des asiles où il n'y avait plus d'étrangers ni d'ennemis. Une immense consolation descendait du haut de ces voûtes vers les douleurs humaines et quand, d'un bout à l'autre de la chrétienté, l'esprit humble et le cœur soumis, les fidèles avaient retrouvé par un sacrement la pureté de leur baptême, il y avait place à l'arbitrage du pape dans les conflits entre les princes.

Luther vint et brisa l'unité de la foi. Il fit de la raison le juge suprême des discussions théologiques, mais la raison de chaque peuple est bornée par le cercle restreint de ses expériences et la religion devint, comme dit Montaigne : « Un penchant à tailler Dieu à notre mesure. » La liberté de la critique engendra la multiplicité des sectes et au lieu d'une seule Église, État qui n'avait pas de frontières et conciliait tous les États, on vit se développer les Églises nationales et les religions d'État. Le grand-maître de l'ordre teutonique comprit que le principe protestant lui permettait de devenir le roi légitime de la Prusse; l'aristocratie allemande tira de la prédication de Luther des conséquences politiques et la mission internationale du catholicisme se trouva momentanément suspendue. *Le Prince* de Machiavel est contemporain de *la Théologie* de Mélanchton. En vertu de la maxime : *Cujus regio ejus relligio*, les chrétiens cessaient d'être des semblables; ils redevenaient les uns pour les autres des barbares et la renaissance à demi-païenne qui coïncida avec la Réforme fit l'Europe pareille au monde antique.

L'orgueil de l'esprit est souvent châtié par l'orgie de la chair. Si l'intelligence repousse l'autorité du dogme, pourquoi le corps accepterait-il ses contraintes ? Dès que le rationalisme eût ouvert une brèche dans l'édifice de l'Église, « le sensualisme s'y précipita avec sa brûlante ardeur, contenue depuis si longtemps, et l'Allemagne devint le théâtre tumultueux où s'ébattit une foule ivre de liberté et de joies sensuelles (1). » A Munster, la débauche courait toute nue au soleil, sous la figure de Jean de Leyde et de ses onze femmes dansant autour d'un cadavre sur la place publique. Les portes des couvents s'ouvrirent ; moines et religieuses suivirent l'exemple de Luther et excusèrent leur sacrilège avec le prétexte d'une apostasie. L'apôtre de la Réforme, le critique acharné des indulgences, le poète de la Bible et du Choral n'a-t-il pas laissé tomber de ses lèvres ce proverbe : « Quiconque n'aime ni les femmes, ni le vin, ni le chant, celui-là est un sot et le sera sa vie durant ? » L'histoire de l'Allemagne au XVIe siècle est celle d'une bacchanale échevelée. Mais la volupté appelle le sang. Toutes les bestialités s'enchaînent et quand l'homme ravalé au rang de la brute s'abandonne à la frénésie de jouir, il veut défendre sa proie comme un mâle et se laisse emporter par les fré-

1. Henri Heine, *De l'Allemagne*. Paris, 1855, 2 vol. in-12, t. I, p. 38.

nésies du combat. Le rêveur mystique de la Wartbourg devint l'épée de son temps : « Je suis né, écrivait-il, pour me mettre aux prises sur les champs de bataille avec les partis et les démons; c'est pourquoi mes esprits sont pleins de guerres et de tempêtes. Il faut que je déracine les souches et les troncs, que je comble les flaques et les bourbiers. » On vit alors reparaître la *furor teutonicus* qui étonna Tacite, que Charlemagne avait paru dompter et qui s'était amendée, un jour, à Canossa, l'ivresse guerrière de ceux que Grégoire de Tours avait dépeints sans respect pour la parole jurée, sans pitié pour le vaincu, sans foi envers la femme, l'enfant ou le faible. L'Europe était prête pour la guerre de Trente Ans.

De 1618 à 1648, les destinées de l'empire furent tenues en suspens par des aventuriers. Mansfeld, Brunswick, Tilly et Wallenstein menèrent des bandes passant d'un chef à l'autre suivant les chances de butin. On commença par la défenestration de Prague et l'on continua par le sac de Magdebourg. Des paysans qui refusaient de montrer leurs cachettes étaient torturés par les reîtres, qui leur taillaient à coups de sabre la plante des pieds, saupoudraient de sel les blessures et les faisaient ensuite lécher par des chèvres (1). Quand la paix de Westphalie fut signée, des milliers de villages avaient été incendiés ; on voyageait dans

1. E. Denis, *l'Allemagne et la guerre de Trente ans*, in Lavisse et Rambaud : *Histoire générale*, t. V. Paris, 1895.

le Brandebourg pendant des journées entières sans rencontrer une âme ; en Bohême, la population avait diminué des trois quarts ; en Prusse rhénane, Aix-la-Chapelle ne comptait plus que la moitié de ses habitants. Une telle épouvante paralysa les consciences que certains esprits, à l'exemple de Hobbes, désespérèrent de la société ; il leur parut chimérique de vouloir établir l'ordre sur une morale chrétienne ; ils ne songèrent qu'à une sorte de droit naturel presque commun aux hommes et aux bêtes et l'on se prit à répéter avec le théoricien du despotisme : *Homo homini lupus.*

L'homme est un loup pour l'homme ! Telle est la devise que Hugo Grotius devait méditer à Senlis, chez le président de Mesme, lorsqu'il y composait son *De jure belli ac pacis* qui parut vers 1625. La petite cité d'Ile-de-France si férocement ravagée par les descendants de Mansfeld et de Brunswick a vu s'élaborer le premier livre moderne traitant des usages de la guerre. L'œuvre eut un succès qu'expliquent les souffrances de l'époque ; elle fut traduite en 1724 par un professeur à l'université de Groningue, Barbeyrac ; elle inspira les déductions de l'allemand Puffendorf ; elle est encore aujourd'hui considérée, jusque dans les chaires de nos facultés, comme un monument élevé à la philosophie du droit. On peut croire cependant que ceux qui la vantent ainsi ne l'ont pas lue fort attentivement. Grotius paraît inspiré par Hobbes beaucoup plus que par l'évangile ; il édicte un code de la nature auquel est étrangère la notion de Dieu ; les sentences de ce protestant pourraient être signées par un Sénèque ou par un Zénon, mais comme elles semblent païennes eu égard aux maximes de l'humble et oublié Gratien ! Qu'on en juge : « Tout est permis au vainqueur par les lois de la guerre, comme le dit Salluste en parlant de Sylla. — Quand on déclare la guerre à un peuple, on la déclare en même temps à tous ceux de ce peuple et selon le droit des gens, il est permis d'exercer des actes d'hostilité contre un ennemi partout où on le trouve, comme le disent le poète Euripide et le jurisconsulte Marcien. On peut tuer impunément les sujets de l'ennemi. — Une preuve, au reste, que la licence de la guerre s'étend fort loin, c'est que le droit des gens n'en met point à couvert les enfants même et les femmes, que l'on peut aussi tuer impunément. — Il n'est pas contre la nature de dépouiller de son bien une personne à qui l'on peut honnêtement ôter la vie. — Sont réputés esclaves, tous ceux généralement qui se trouvent pris dans une guerre publique. — Ceux que l'on prend prisonniers de guerre et leurs descendants à perpétuité sont réduits à la même condition. — Les neutres doivent tenir une conduite égale envers les deux ennemis, soit qu'il s'agisse de donner passage à leurs troupes, ou de leur fournir des vivres, ou de refuser aux assiégés les choses dont on pourrait les aider (1). »

1. Grotius, *De jure belli ac pacis*. Traduction Barbeyrac. Amsterdam, 1724. 2 volumes, in-4°.

Après la guerre de Trente Ans, cette doctrine effrayante ne scandalisa point. Parce que Grotius déclarait qu'il ne faut pas entreprendre les hostilités sans juste cause, certains virent dans son livre la garantie des droits inaliénables de l'individu. Tel fut l'avis de Samuel Puffendorf, professeur à Heidelberg en 1661 et contemporain de Fénelon. Il n'y a aucune idée originale dans le *De jure naturæ et gentium*, dont le titre même est un emprunt; mais on y découvre une immense érudition et une rigueur logique qui pousse à l'extrême les principes exposés en 1625 : « Notre ennemi nous autorise à agir contre lui par des actes d'hostilité poussés à l'infini, ou aussi loin qu'on le jugera à propos; d'autant plus qu'on ne pourrait jamais obtenir la fin que l'on se propose dans les guerres, tant offensives que défensives, si l'on était indispensablement obligé de se tenir dans certaines bornes et de ne se porter jamais aux dernières extrémités contre un ennemi (1). » Puffendorf admet dans certains cas l'assassinat, mot qu'il écrit en toutes lettres sans la moindre fausse honte. En présence de ces aberrations, dues à la perversion du sens chrétien, les catholiques se consoleront en écoutant la condamnation du droit de la nature, prononcée avant même qu'il ait été formulé, dans *le Monarque parfait* du cardinal Bellarmin : « Ces gens-là ne vivent pas comme

1. Puffendorf, *De jure naturæ et gentium*. Traduction Barbeyrac. Amsterdam, 1724. 2 volumes in-4°, t. II, chapitre VI, p. 557.

des hommes qui ont quelque usage de la raison, mais comme des bêtes cruelles, parmi lesquelles il semble que par un certain droit de la nature, il soit permis aux plus fortes d'exercer leur rage à l'endroit des plus faibles. Ainsi le lion, comme par une licence qui lui est due, étrangle le loup et le dévore ; le loup en fait de même à la brebis et la brebis paît l'herbe et s'en nourrit. Mais les hommes, qui sont naturellement doués du franc arbitre, naissent libres et ne peuvent être assujettis les uns aux autres, si ce n'est par quelque juste titre, comme celui de l'élection (1). »

La réforme religieuse engendra progressivement une révolution philosophique qui n'est autre chose que la dernière conséquence du protestantisme. Luther avait séparé la Bible de la tradition ; Emmanuel Kant refusa tout respect au dogmatisme. Admettant, grâce au jeu de la raison pratique, Dieu comme nécessaire au bonheur de l'humanité, il s'attaqua aux preuves spéculatives de son existence et déclara que cet être idéal et transcendental n'était qu'une illusion. Si le maître de Kœnigsberg eut une critique, son disciple Fichte construisit un système ; à ses yeux Dieu *n'est* point, car l'existence est une notion sensible et les choses n'ont de réalité que dans notre esprit. Pour Schelling, les faits se résolvent en idées pures ; il y a identité absolue entre la matière et

1. Cardinal Robert Bellarmin, *le Monarque parfait ou le devoir d'un prince chrétien*. Traduction Lannel. Paris, 1625, in-8°, p. 277.

la pensée ; Dieu est le monde et le monde est Dieu. A la place de cet absolu divin, Hegel mit l'évolution. Tout devient alors prédéterminé et il n'y a plus de morale. On affirma l'équivalence du fait et du droit. Ainsi, par un détour, l'idéalisme aboutissait au panthéisme et à la glorification de la nature. Ces doctrines, qui en France n'eussent excité l'intérêt que de rares spécialistes, ébranlèrent l'Allemagne subtile presque à l'égal des armées de Napoléon. On se répéta que la matière était sainte ; on répudia le « despote tonnant » ; on proclama le déisme « religion bonne pour des esclaves » et le romantisme, qui est bien l'exaltation des forces extérieures, naquit de cette ferveur païenne. Gœthe n'a-t-il pas été appelé le Spinosa de la poésie ?

Certains livres ont une portée que leurs auteurs ne soupçonnent point. Kant était pacifiste ; il écrivit un *Essai philosophique sur la paix perpétuelle* et souhaitait voir les peuples sortir de l'état d'inquiétude où ils se trouvaient de son temps. Mais *la Critique de la raison pure* a engendré *la Doctrine de la science* et le point de départ de Fichte, l'identité du réel et de l'idéal, a été celui des philosophes de la nature. Un élève de Schelling, Adam Müller, enseigna qu'il fallait parquer les peuples comme des troupeaux. Henri Heine a montré comment le panthéisme a développé chez ses compatriotes le culte de la violence ; il prophétise un drame public auprès duquel la Révolution française ne fut qu'une innocente idylle ;

la page est bien connue, mais il faut la citer encore une fois : « Si la main du kantiste frappe fort et à coup sûr parce que son cœur n'est ému par aucun respect traditionnel ; si le fichtéen méprise hardiment tous les dangers, parce qu'ils n'existent point pour lui dans la réalité, le philosophe de la nature sera terrible en ce qu'il se met en communication avec les pouvoirs originels de la terre, qu'il conjure les forces cachées de la tradition, qu'il peut évoquer celles de tout le panthéisme germanique et qu'il éveille en lui cette ardeur de combat que nous trouvons chez les anciens Allemands, et qui veut combattre, non pour détruire ni même pour vaincre, mais seulement pour combattre. Le christianisme a adouci, jusqu'à un certain point, cette brutale ardeur batailleuse des Germains ; mais il n'a pu la détruire et quand la croix, ce talisman qui l'enchaîne, viendra à se briser, alors débordera de nouveau la férocité des anciens combattants, l'exaltation frénétique des Berserkers que les poètes du Nord chantent encore aujourd'hui. Alors, et ce jour, hélas ! viendra, les vieilles divinités guerrières se lèveront de leurs tombeaux fabuleux, essuieront de leurs yeux la poussière séculaire ; Thor se dressera avec son marteau gigantesque et démolira les cathédrales gothiques... (1) »

La dernière phase de cette crise intellectuelle

1. Henri Heine, *De l'Allemagne*, Paris, 1855. 2 volumes in-12. t. I, p. 181.

accompagna l'éveil d'un sentiment national. Déjà, pendant la seconde moitié du XVIIe siècle, le grand électeur avait pris, pour signe de ralliement, la devise : *Vivat Germania.* Mais, outre-Rhin, comme l'a remarqué Bismarck, le patriotisme a besoin d'un chef sur lequel se concentre son attachement et l'intérêt dynastique dressait les uns contre les autres les États dispersés entre le Palatinat et la Silésie. « Cette tendance se retrouve dans toute l'histoire de l'Allemagne, depuis les ducs rebelles des périodes les plus reculées, jusqu'aux innombrables souverains immédiats avec les villes d'empire, les villages d'empire, les abbés et chevaliers d'empire ; et, comme conséquence de tout cela, l'empire faible et désarmé (1). » Aussi Frédéric II vit-il ses alliés l'abandonner dès qu'ils craignirent sa prééminence et, s'il réussit à augmenter la Prusse, il n'arriva pas à constituer l'Allemagne. Ce que n'avait pu faire le vainqueur de Rosbach fut accompli par le triomphateur d'Austerlitz et d'Iéna. Napoléon crut réunir contre la Prusse la Confédération du Rhin ; il n'aboutit qu'à doter l'Allemagne des prémices de l'unité. S'il n'y avait qu'un code entre la mer du Nord et la Baltique, il n'y avait aussi qu'une âme ; cette âme fut exprimée par le poète Maurice Arndt et bientôt les soldats de Blücher répétèrent avec les Bavarois de Wrède : *Was ist des Deutschen Vaterland.* Qu'est-ce que la patrie de l'Allemand ? »

1. Prince de Bismarck, *Pensées et Souvenirs*. Trad. Jaeglé, 5e éd. Paris, 1899. Deux volumes in-8°, t. II, p. 25.

Entre le Congrès de Vienne et le traité de Francfort, il y eut en Allemagne deux grandes catégories d'esprits : une minorité de libéraux fidèles à l'ancien dogmatisme et une majorité de panthéistes; les premiers, comme Schmalz, Heffter et Bluntschli, édifièrent un droit public qui s'attaquait aux pratiques du blocus continental ; parce que Nelson avait accablé Villeneuve, ils pensèrent que les ennemis de la France n'auraient jamais rien à craindre de la mer ; ils réagirent contre Grotius et Puffendorf, revendiquèrent le droit des neutres, se firent les apôtres, quelquefois éloquents, des coalitions et voyant en Bonaparte un adversaire de toute liberté, crurent que le salut de leur pays était dans une lutte contre l'absolutisme. Tel ne fut pas le raisonnement des panthéistes. Prédécesseurs ou élèves de Bismarck, ils jugèrent que leurs concitoyens avaient besoin pour agir d'un guide capable de leur montrer la route et se dirent qu'il y avait chez eux trop de souverains et trop de guides ; les considérations dynastiques, a écrit le chancelier, ont toujours été « les éléments centrifuges de la nation allemande » (1). Réaliser l'hégémonie de l'un des États confédérés sur ses voisins devint le but d'une nouvelle politique, approuvée par tous les disciples de Schelling et de Spinosa. Cet État était la Prusse et l'hégémonie de la Prusse ne pouvait être obtenue que par la guerre.

1. Prince de Bismarck, *Pensées et Souvenirs*. Traduction Jaeglé, t. I, p. 365.

On voit donc à quel point Louis-Napoléon se trompait en favorisant les premiers desseins du ministre du roi Guillaume ; il supposait que l'Allemagne du Sud, menacée par l'Allemagne du Nord, rechercherait sa protection ; il jugeait la situation avec des souvenirs d'écolier. De toutes les servitudes, celle qu'on ressentait avec le plus d'amertume était l'anarchie qui paralysait l'Allemagne en face de l'étranger. En réalité, tous, aussi bien jurisconsultes de Munich que diplomates de Berlin n'avaient en vue que l'unité allemande. « L'unité par la liberté », soutenait Bluntschli ; ses contradicteurs répliquaient : « Mieux vaut l'unité que la liberté. » Nous savons assez quel parti l'emporta. Après l'expérience de 1849, où Frédéric-Guillaume IV refusa l'empire afin de ne pas le devoir à un Parlement, les chefs du centre droit, Gagern, Dahlmann, Mathy, s'étaient livrés à la Prusse. Un orgueil national exaspéré, le culte de la violence, un éloignement sans cesse plus marqué envers le déisme, la religion de la matière, tels furent les facteurs de ce germanisme vite mué en pangermanisme. On a tour à tour attribué la responsabilité de cette évolution à Nietzsche, au prince de Bismarck et à Henri de Treitschke ; l'attribution est fautive, au moins en ce qui concerne les deux premiers, car Nietzsche n'a guère été lu dans son pays et Bismarck entendait cimenter son œuvre avec la paix. Il n'en est pas moins vrai que chacun d'eux a plus ou moins reflété les sentiments qui constituent, à travers la suite des générations, le fond même de l'âme allemande. Avant saint Boniface et depuis Luther, qu'on relise l'histoire des Cimbres avec Plutarque ou bien celle de la guerre de Trente Ans, c'est toujours la même brutalité. Partout où leur caprice a conduit les barbares, écrit Mommsen, on eût dit qu'il avait passé un ouragan destructeur (1). « A voir ces grands corps blancs, ces blondes chevelures, ces yeux d'un bleu clair qui s'enflammaient si vite de férocité, les hommes petits et au teint sombre des provinces italiennes comprirent qu'ils rencontraient une race à jamais ennemie (2). » Aussi les Germains n'ont-ils pu s'assimiler vraiment l'esprit de ce christianisme venu de Rome ; ils n'ont pas admis son précepte de charité et l'on conçoit les imprécations de Nietzsche prononçant la déchéance de l'Évangile, Zarathoustra brisant les tables de la loi et s'écriant : « J'aime à être assis sur les églises détruites, semblable à l'herbe et au rouge pavot (3). » Qui veut avoir le commentaire de ce lyrisme n'a qu'à méditer l'introduction à *la Guerre d'aujourd'hui* par le général de Bernhardi : « Nous avons reconnu en nous un facteur aussi puissant que nécessaire au développement de l'humanité entière. Cette certitude nous fait un devoir d'étendre le plus loin possible l'action de notre influence intellectuelle et morale, et de rendre partout la route libre au tra-

1. Mommsen, *Histoire romaine*. Traduction Alexandre, t. V, p. 138.
2. Victor Duruy, *Histoire des Romains*, t. II, p. 479.
3. Nietzsche, *Ainsi parlait Zarathoustra*, p. 296.

vail allemand... Évidemment, les tribunaux d'arbitrage doivent garder pour principe les rapports existants de droit et de possession. Pour un État ambitieux qui n'a pas encore obtenu le rang dont il est digne, qui a impérieusement besoin d'élargir son domaine colonial, et qui ne peut, au fond, obtenir celui-ci qu'au prix d'autres sacrifices, ils représentent *a priori* un danger... Si nous voulons obtenir pour notre nation la place qui lui convient dans le monde, il faut nous confier à notre glaive (1). »

* * *

L'histoire garde le souvenir d'une joute oratoire qui mit aux prises Henri de Treitschke et Jean-Gaspard Bluntschli. C'était vers la fin de juillet, à Heidelberg; une animation inusitée troublait les ombrages qui bordent le Neckar et les paisibles jardins où l'on n'entend d'habitude que les colloques des étudiants. L'antique cité universitaire était enfiévrée par l'annonce d'un conflit; on y avait appris l'envoi de la dépêche d'Ems; on commentait l'attitude du Reichstag applaudissant le roi de Prusse. Un banquet groupait la jeunesse qui allait rejoindre l'armée de la confédération; il était présidé par le recteur Bluntschli et celui-ci dut prendre la parole une coupe à la main. L'allocution du vieux professeur fut mélancolique; ne

1. Général de Bernhardi, *la Guerre d'aujourd'hui*. Traduction Colin, Paris, 1913, 2 vol. in-8°, t. I. Introduction.

voyait-il pas s'écrouler son rêve de liberté ? Devant ses propres élèves, les fils de son esprit, appelés aux ivresses du combat, il se remémorait sans doute son enseignement : « Bien que j'estime fort haut la bravoure, le courage, le sang-froid, les qualités viriles qui se développent pendant la guerre et qui, mettant en jeu toutes les forces corporelles ou tous les ressorts de l'âme, les élèvent jusqu'à l'héroïsme, je suis retenu par la pensée de la haine sauvage des hommes contre d'autres hommes, par le spectacle d'individus possédés de la rage de détruire, de piller ou de faire couler le sang. Je me souviens des souffrances horribles et souvent entièrement inutiles que l'homme inflige à son semblable. Je songe à la fortune de tant de familles compromise, au bonheur de tant de milliers d'individus anéanti (1). »

La scène était tragique, mais l'auditoire ne comprit pas ; un silence méprisant fit voir au recteur qu'il avait bien perdu le cœur de ses élèves. L'Allemagne du Sud avait déjà oublié Aschaffenbourg et Langensalza. Avant de se lever pour répondre, Treitschke, nouveau venu à l'Université, laissa tomber dans l'oreille d'un voisin ces paroles : *S'isch halt a Schwizer* — ce n'est qu'un Suisse (2). Il parla, et ce fut pour exalter sa joie de vivre une époque où se produisaient de tels événements : il

1. Bluntschli, *le Droit international codifié*. Traduction Lardy. Paris, 1886, in-8°, p. 10.
2. Adolf Hausrath : *la Vie de Treitschke*, in *Treitschke. His life and works*. Londres, 1914, in-8°, p. 62.

rappela les souvenirs de 1813, évoqua la bataille des Nations, conjura les spectres fantastiques de ses morts, et ordonna aux étudiants de se montrer dignes de tels ancêtres. Sa péroraison s'acheva par ces mots : « Fichte a envoyé la jeunesse germaine à la guerre sainte avec la devise : vaincre ou mourir. Moi je vous dis : vaincre à tout prix ! »

« Vaincre à tout prix », était, en effet, le précepte d'une nouvelle morale qui contredisait l'ancienne : « Même pendant l'état exceptionnel qui résulte de la guerre et alors que la force physique déploie ses effets les plus redoutables, le droit international vient poser à cette force physique des limites bien marquées, et que l'on ne peut dépasser sans encourir la réprobation du monde civilisé (1). » Qu'est-ce qu'une loi internationale, riposte l'adversaire de Bluntschli et comment des individus s'arrogeraient-ils le pouvoir de dire à un État : « Vous devez ? » Aucun homme, fût-il un juriste, n'a un titre suffisant pour imposer ses opinions ; il doit se tenir prêt à voir ses théories broyées par les faits. Le positivisme est la seule loi de l'existence ; chaque nation est son propre juge et il n'y a pas d'obligation commune en dehors de celles qui sont librement acceptées par tous. C'est la volonté des États qui est l'unique fondement du droit public ; il en résulte que l'exécution des clauses d'un traité est facultative : « Tous

1. Bluntschli, *le Droit international codifié*. Traduction Lardy. Paris, 1886, in-8°, p. 9.

les traités sont conclus avec une restriction mentale — *rebus sic stantibus* — aussi longtemps que les circonstances demeurent sans changement (1). »

Il faut ajouter, pour l'honneur de Treitschke, que parmi les obligations librement acceptées par la volonté des États, il signalait le respect de la propriété individuelle en temps de guerre, celui de la vie des prisonniers et la préservation des œuvres d'art « biens appartenant à l'ensemble de l'humanité ». Mais ces réserves ne doivent pas faire illusion sur la doctrine, puisque aux yeux de l'historien allemand, le droit public ne repose que sur des usages révocables. Treitschke, d'ailleurs, n'en a jamais été à une contradiction près. Il fut presque simultanément partisan et ennemi du prince d'Augustenbourg ; c'était un protestant austère, sincèrement chrétien, et son système politique est empreint de matérialisme ; il repoussait Spinosa et se rapprochait de Machiavel ; il était en même temps idéaliste et positiviste. Ces mystères seront toujours inexplicables pour l'âme cartésienne d'un Français ; il ne convient pas de trop s'en étonner chez les Allemands, auxquels l'abus du rationalisme donne souvent des vertiges de pensée, l'impression du vide intellectuel, et la croyance qu'il n'y a de certain que ce qui se touche ; d'où la superstition de la force parfois juxtaposée avec un certain mysticisme. On a aussi invoqué les origines slaves de Henri de Treitschke ;

1. *Treitschke. His life and works*, p. 166.

le descendant des Terzky conciliait un sang oriental avec une culture germaine. Enfin, M. T. de Wyzewa a parlé de l'influence de sa surdité ; ce grand orateur en vint à ne plus entendre les échos de sa propre éloquence ; il se serait réfugié dans un nationalisme farouche comme dans « la première forteresse » rencontrée sur sa route et où il aurait combattu, sans discuter, jusqu'à la mort (1). Quoi qu'il en soit, Treitschke ne s'est montré invariable que sur deux points : le culte de la Prusse et l'horreur de Bluntschli.

« Toute idolâtrie est néfaste », écrivait à propos de Treitschke son adversaire Baumgarten. Le « Prussomane », comme on l'appela un jour, admirait l'absolutisme parce qu'il avait l'idolâtrie de la raison d'état. L'État lui paraissait « la plus haute manifestation de la société humaine ». C'est une thèse assurément défendable aux yeux d'un luthérien, dont l'esprit de secte a perdu la notion de la valeur internationale du christianisme ; mais Treitschke et ses élèves en tirèrent des conséquences qu'un païen de l'ancienne Rome n'aurait pas désavouées. Véhicule de la civilisation, l'État a pour devoir de préserver son existence ; il faut donc, avant tout, qu'il développe son pouvoir : « De tous les vices politiques, la faiblesse est le plus abominable et le plus méprisable ; c'est le péché contre l'Esprit Saint de la politique. » Le

1. T. de Wyzewa, *Henri de Treitschke et le pangermanisme* (*Revue des Deux-Mondes*, 15 décembre 1914, p. 817).

plus puissant de tous les États doit être celui de l'Allemagne, puisque son objet est de propager la culture germanique, qui est la forme la plus élevée de la civilisation. A l'exemple de Mahomet qui imposait le Coran avec le sabre, le peuple allemand répandra sa culture par le moyen de la guerre, qui est d'institution divine, parce qu'elle rappelle aux soldats d'une même armée qu'ils sont les membres d'une même famille et frères par conséquent. « Ce qui fait la majesté de la guerre, c'est que, par elle, l'individu et ses mesquines ambitions s'évanouissent devant la grande idée de l'État. » La paix est un fléau; c'est la cause de presque toutes les maladies sociales, car la sécurité qu'elle procure favorise l'égoïsme des particuliers, provoque des divisions et diminue la puissance. « Mais le Dieu vivant veillera à ce que la guerre revienne périodiquement, comme un terrible remède aux maux de l'humanité. » Puisque la guerre, même offensive, est une mission sacrée, les petits États qui ne peuvent se défendre sont destinés à être absorbés. Bernhardi, élève de Treitschke, leur dénie toute légitimité ; il s'étonne de voir penser que les « nations faibles ont droit à l'existence tout autant que les nations puissantes et vigoureuses ». C'est que « la force est le droit suprême et la question de savoir où réside le droit ne peut être tranchée que par la guerre dont le verdict est toujours biologiquement équitable » (1).

1. Se rapporter, pour l'étude des théories allemandes sur l'État,

Si Treitschke, en 1870, s'est efforcé de rassurer la Belgique, la Hollande et la Suisse, contrées « dont l'existence n'est due qu'à la désagrégation de l'empire allemand », il ne l'a pas fait en invoquant un principe, mais seulement des raisons d'opportunité politique. Pour en convaincre il suffit de rappeler ce qu'il a dit du Luxembourg, alors convoité : « L'Allemagne va-t-elle endurer plus longtemps ce scandale européen, cette plante parasite qui n'a point de sol pour se nourrir et qui vit accrochée à notre empire comme à un tronc? Un État national a le droit et le devoir de protéger ses nationaux sur tous les points de la surface du globe : nous ne pouvons supporter qu'une race germanique se laisse graduellement transformer par un métissage de Celtes sans autre raison que la perversité d'une bureaucratie dégénérée. Il y a un moyen de l'empêcher ; c'est d'incorporer ce pays à notre empire... Alsace, Lorraine, Luxembourg! quelles blessures ont été infligées à notre vie allemande par les crimes des siècles !... Notre énergie, notre probité, notre force morale, tout ce patrimoine légué par nos ancêtres devra être mis en œuvre pour rendre aux enfants prodigues de l'Ouest leurs vertus germaines (1). »

L'auteur de cette phraséologie n'ignorait pas cependant que le Luxembourg avait fait partie de

à une remarquable brochure publiée par les professeurs de la Faculté d'histoire moderne de l'Université d'Oxford : *Pourquoi l'Angleterre a pris les armes*. Oxford, 1914, in-8°.

1. *Treitschke. His life and works*, p. 237.

l'ancienne Belgique et qu'il était habité par les Trévires, peuplade à moitié celte, dont le territoire s'étendait jusqu'au Rhin ; que Rome y fonda une colonie et lui donna pour capitale une ville qui portait le nom d'Auguste ; que sa domination a laissé des traces ineffaçables. Au Luxembourg, dit un historien belge, le sol semble produire, au lieu de cailloux, des monnaies à l'effigie des empereurs. Si des Germains s'implantèrent en 496, dans ce pays, ils appartenaient au rameau franc. Le traité de Verdun attribua les rives de la Moselle non pas à Louis le Germanique, mais à Lothaire, avec ces régions qui ne furent jamais nettement ni allemandes ni romanes, où la langue était instable, qui servirent alternativement de marches extérieures à l'Austrasie et à la France et qui s'étendent entre le Rhône et la Sambre. Le traité de Mersen fixa la limite de l'Allemagne par une ligne allant de Liège à Trêves et ce ne fut pas avant 888 que l'ancien royaume de Lothaire devint un État particulier ; il forma l'enjeu d'une querelle qui se perpétua pendant tout le xe siècle. Si le comté de Luxembourg dut être cédé par Charles le Simple à son ennemi Henri l'Oiseleur et rattaché par la suite à l'empire d'Occident, il en fut pratiquement détaché en 1442 par Philippe le Bon, qui l'acheta et le transmit au grand-duc d'Occident, Charles le Téméraire. Aucun pays n'a été l'objet de plus de convoitises. Du xve siècle au xviiie, il a appartenu successivement aux maisons de Bourgogne, d'Espagne, de Bourbon et de Habsbourg; il fut annexé tour à tour par la France et par les Pays-Bas, espagnols ou autrichiens, mais il n'était pas à proprement parler allemand. La vérité est que les arguments de langue ou de race n'ont qu'une faible valeur probante quand les frontières ethniques sont indécises. Même aujourd'hui, les habitants des cantons de Wiltz et de Clervaux ont gardé leurs traditions wallonnes ; ils emploient le dialecte dont se servent leurs voisins d'Houffalize et de Bastogne ; le français est encore l'idiome de la classe aisée. Par ailleurs, le moins qualifié des peuples pour s'indigner contre le « métissage » de ses proches est assurément la Prusse, dont les éléments finnois ne se sont germanisés que par métissage, et qui est ainsi la moins allemande des nations de l'empire. Mais à quoi bon discuter ? Faut-il demander l'impartialité à celui qui la blâmait chez les historiens ? « L'historien doit être capable de colère et d'amour ; la passion est plus clairvoyante que le sang-froid et seul l'écrivain inspiré par un esprit de parti peut nous introduire dans la vie des partis et se montrer un guide (1). »

Regarder comme des « nationaux », soumis à la juridiction de Berlin, tous les êtres humains ayant dans leurs veines un peu de sang germanique, n'est prétendre à rien moins qu'à la domination du monde entier. « Il y a huit millions

1. Paroles de Treitschke rapportées par Adolf Hausrath. *Treitschke. His life and works*, p. 42.

d'Allemands aux États-Unis qui n'ont pas besoin du drapeau allemand pour jouir du bonheur le plus complet », écrit M. S.-H. Church, président de l'institut Carnegie de Pittsburg (1). On en compte des milliers au Canada, au Brésil, dans la République Argentine et ailleurs. L'Allemagne, d'une part, entend se faire octroyer des colonies pour retenir ses émigrants et, d'autre part, elle estime posséder certains droits sur les pays étrangers où les siens se sont déjà établis. Guillaume II a inauguré une politique qui vise l'Inde par la voie de Bagdad. Les pangermanistes revendiquent en Europe l'empire de Frédéric Barberousse joint à celui de Charlemagne. Treitschke s'était écrié : « Des colonies ! La maîtrise de la mer, pour conquérir des colonies ! ». On se rappelle la première strophe de l'hymne : « L'Allemagne, l'Allemagne au-dessus de tout, au-dessus de tout au monde, tant que, pour la défense et l'attaque, elle sera unie, fraternellement, de la Meuse au Niémen et du Belt à l'Adige. »

A ce compte, nous devrions ambitionner la province de Québec et la Louisiane, l'Helvétie et la Cisalpine, la principauté d'Achaïe occupée par Villehardouin et l'empire d'Orient conquis par Baudoin de Flandre, le royaume normand des Deux-Siciles et le royaume latin de Jérusalem ; l'Italie moderne pourrait réclamer le domaine des

1. S.-H Church : *Réponse à l'appel que les savants allemands ont adressé au monde civilisé.* Londres, 1915.

Césars ; l'Espagne aurait peut-être quelque titre à faire valoir sur la Franche-Comté, et, de ce panceltisme, de ce panitalianisme, de ce panibérisme, tous en conflit les uns avec les autres, résulterait nécessairement la barbarie universelle.

La Suisse et la Belgique, aussi bien que le Luxembourg, sont des fragments de la Lotharingie ; ces trois pays séparent des ennemis héréditaires, qui, depuis vingt siècles, ont lutté sur la Meuse et sur le Rhin. Soixante années avant l'ère chrétienne, la Gaule eut à subir l'invasion d'Arioviste, près de Bâle, et celle des Usipiens et des Tenctères, le long des rivages de la mer du Nord. La France, sous la Révolution, a été sauvée par Dumouriez, à Jemmapes, et à Zurich, par Masséna. Les dépressions qui s'étendent à l'Est et à l'Ouest de la trouée de Belfort et les bassins qui prolongent jusqu'à la Loire la grande plaine de l'Allemagne du Nord ont servi à toute époque de routes aux migrations des peuples. « Il y a des champs de bataille prédestinés ». C'est pourquoi l'Europe, fatiguée par les guerres de l'épopée napoléonienne, a voulu mettre en ces parages des oasis de paix. Les puissances rassemblées au Congrès de Vienne avaient, le 20 mars 1815, déclaré « que l'intérêt général réclame en faveur du Corps helvétique l'avantage d'une neutralité perpétuelle » ; elles complétèrent cet énoncé de principe par un acte solennel qui garantit à la Suisse « l'intégrité et l'inviolabilité de son territoire dans ses nouvelles limites. » Ces mesures étant prises du côté du Sud, on voulut pourvoir à la sécurité du Nord. Un projet avait été déjà rédigé, au moment de la coalition de 1805, par un abbé italien, nommé Piatoli, afin de créer un royaume des Deux-Belgiques et ce projet avait eu l'agrément des cours de Russie et d'Angleterre. Il fut repris par Lord Castlereagh. La Flandre, le Brabant, l'évêché de Liège et les Provinces-Unies furent amalgamés sous le nom de Pays-Bas en un ensemble hybride et formèrent un état-tampon, attribué à Guillaume d'Orange, que l'on fit par la même occasion grand-duc de Luxembourg.

Tout édifice dont les matériaux manquent de cohésion s'effrite avec les intempéries et menace ruine. Il en fut ainsi du nouveau royaume. Si la Belgique n'est un État souverain que depuis peu de temps, elle a montré, aux diverses époques de son histoire, les caractères d'une nation originale et fière. La « ribaudaille » des Flandres avait pris au moyen âge pour devise : « Mourir au combat plutôt que vivre en servage. » Ces gens de métier, novices au métier des armes, mais soutenus par une volonté héroïque, ne se laissèrent pas abattre par la défaite de Mons-en-Puelle et imposèrent à Philippe le Bel la paix d'Athis-sur-Orge. Les seigneurs de Gand devaient jurer sur la place du marché de faire observer « les lois, privilèges, libertés et coutumes de la comté et de la ville » avant d'être admis à célébrer leur joyeuse entrée. Différents des Flamands par la langue et par la race, les Wallons ont reçu de leurs ancêtres le même patrimoine d'activité matérielle et morale; quand les ducs de Bourgogne voulurent remplacer l'initiative des communes par un régime de droits protecteurs et d'ordonnances, les jacquemarts tintèrent d'un bout à l'autre de la Belgique et non seulement Ypres et Bruges, mais aussi Dinant et Liège se soulevèrent aux cris de « Vive France ». Les municipes échelonnés sur les bords de l'Escaut et les cités riveraines de la Sambre et de la Meuse constituent véritablement une patrie belge; un principe foncier anime leur passé; « ce sentiment de la liberté collective et de l'autonomie locale qui traverse toutes les luttes des communes flamandes et wallonnes contre les empiétements d'un pouvoir central étranger (1) ». Ce pays libéral et catholique, auquel le général Bulow avait en février 1814 promis l'indépendance (2), n'avait rien de commun avec le régime intolérant et calviniste des Nassau. La charte néerlandaise de 1815, en refusant aux sujets du roi Guillaume les satisfactions qu'ils réclamaient au point de vue politique, et le décret de 1822, en prohibant l'usage du français dans les écoles, amenèrent l'insurrection de Bruxelles. Avant que l'armée du maréchal Gérard eût passé la frontière, il était devenu clair pour l'Europe que le monument élevé par les ouvriers du Congrès de Vienne s'était effondré.

1. Henri Davignon, *le Peuple belge. Sa physionomie morale et pittoresque* (*Revue des Deux-Mondes*, 1er février 1913, p. 673).

2. A. Waddington, *l'Insurrection belge*, in Lavisse et Rambaud, *Histoire générale*, t. X.

Avec ses morceaux, l'Angleterre s'efforça de refaire une construction solide. Elle tint pour démontré qu'un État formé de deux nations rivales ne saurait être viable; si l'on voulait instituer au nord de la France une seconde Suisse, il ne fallait pas s'opposer aux aspirations du peuple belge, mais au contraire le rendre libre et remédier à sa faiblesse en établissant sa neutralité. Lord Grey appuya donc le maréchal Sébastiani et décida les puissances signataires des actes de 1815 à reconnaître l'existence internationale du royaume. Une conférence se réunit à Londres ; elle aboutit le 15 novembre 1831 à la rédaction d'un traité de vingt-quatre articles qui renferme la disposition suivante : « VII. — La Belgique, dans les limites indiquées aux articles 1, 2 et 4, formera un État indépendant et perpétuellement neutre. Elle sera tenue d'observer cette même neutralité envers les autres États. ». Guillaume d'Orange refusa d'abord de se soumettre ; il ne comprit dans cette affaire, ni l'intérêt européen de l'Angleterre, ni la tradition qui mettait d'accord les sympathies des marchands avec la politique des ministres. Les Flamands ont toujours été les clients des armateurs de Londres ; le gras pays de l'Escaut, avec ses villes pleines de foulons, achète à l'étranger la laine que ses brebis ne suffisent pas à fournir : « Toute Flandre est fondée sur draperie, disait Jacques Artevelde, et sans laine on ne saurait draper. » Cette solidarité, ignorée au XIVe siècle par Philippe de Valois, comme elle l'a été au XXe par Guillaume II, fut l'une des causes de la guerre de Cent Ans. Aussi la Hollande, au XIXe siècle, se trouva isolée contre la France qui se fit bénévolement la mandataire de l'Europe. Anvers capitula, La Haye céda et le traité de 1839 régla définitivement le statut de la Belgique. Il reproduisit le texte précédemment cité de 1831 et les cours d'Autriche, de France, de la Grande-Bretagne, de Prusse et de Russie, intervenant, déclarèrent que tous les articles du nouvel acte se trouvaient placés sous leur garantie.

Ces événements laissaient le Luxembourg dans une situation paradoxale ; il devenait séparé de son souverain qui ne pouvait y envoyer de troupes ni même y pénétrer sans passer chez autrui. Metternich et Castlereagh n'avaient, d'ailleurs, pas annexé le grand-duché aux Pays-Bas, mais l'avaient seulement attribué à la dynastie des Nassau. C'était une union personnelle et non réelle. Le roi de Prusse avait le droit de tenir garnison dans la forteresse de Luxembourg et le pays environnant avait été incorporé à la confédération germanique. On était donc en présence d'un État placé sous la tutelle politique de la diète de Francfort, sous la dépendance militaire des Hohenzollern, et censé appartenir « en toute propriété et souveraineté » au monarque d'un troisième pays. Si l'on ajoute que le diocèse relevait directement du pape, que le français était alors comme aujourd'hui la langue officielle de l'administration, que les noms des villages avaient été le plus souvent romanisés et que la finale *ange* remplaçait déjà la terminaison allemande *ingen*, on imaginera peut-être ce qu'une assemblée de diplomates peut renfermer d'incohérences. Il apparut bientôt que ce n'était pas assez ; trois ans après la mise en vigueur des stipulations de Londres, le 8 février 1842, le roi de Hollande accéda pour le Luxembourg au *Zollverein* de List. Les douaniers eux-mêmes allaient cesser de monter la garde sur les fossés de Vauban.

C'en était trop. Les habitants résistèrent énergiquement contre les tentatives d'absorption et envoyèrent l'élite de leur jeunesse à la Sorbonne et à Louvain. Quand la campagne de Sadowa eut porté un coup mortel à la confédération germanique, l'Europe jugea que Guillaume de Hohenzollern n'était plus qualifié pour la représenter et pour occuper le Luxembourg ; Napoléon III fit valoir cet argument, négocia le retrait des troupes prussiennes et demanda leur place pour son armée. Le raisonnement était d'un bon logicien ; Bismarck se montra meilleur politique. Il se rendit compte qu'une citadelle perchée sur une roche n'avait plus, grâce aux progrès de l'artillerie, la même valeur militaire qu'au temps de Louis XIV et, signifiant son opposition à tout projet comportant l'aliénation du grand-duché, il ne fit aucune difficulté pour l'évacuer. Ne savait-il pas que l'Angleterre prendrait ombrage et ne laisserait pas un descendant des Bonaparte augmenter, même pacifiquement, son territoire ? Dès le 3 mai 1867 Lord

Stanley avait communiqué un texte qui prévoyait le démantèlement de la forteresse et stipulait que la ville de Luxembourg ne pourrait être vendue par le roi de Hollande sans l'assentiment des puissances européennes. Bismarck suggéra la neutralisation du pays, garantie par les puissances. « Cette condition, disait-il, avait été le principal motif qui avait déterminé le roi de Prusse à consentir au retrait de la garnison. » La proposition fut acceptée et le second article du traité signé le 11 mai fut ainsi libellé : « Le grand-duché de Luxembourg, dans les limites déterminées par l'acte annexé aux traités du 19 avril 1839, sous la garantie des cours d'Autriche, de France, de la Grande-Bretagne, de Prusse et de Russie, formera désormais un État perpétuellement neutre. Il sera tenu d'observer cette même neutralité envers tous les autres États. Les hautes parties contractantes s'engagent à respecter le principe de neutralité stipulé par le présent article. Ce principe est et demeure placé sous la sanction de la garantie collective des puissances signataires du présent traité, à l'exception de la Belgique qui est elle-même un État neutre. »

Un chapelet d'États pacifiques couvrait ainsi les frontières vulnérables de la Prusse et ceux qui voyaient dans la France le trouble-fête de l'Europe respirèrent un moment. La guerre de 1870 arriva cependant, mais ses causes ne furent pas immédiatement comprises. On lit dans le journal du Prince Royal que Léopold II félicita Guillaume Ier lors de son élévation à l'empire et que Bismarck fit observer dans la réponse que « la Belgique gagnait à une forte Allemagne, dont elle n'aurait rien à craindre, ni de la France non plus, aussi longtemps que l'Allemagne serait forte » (1). Si Napoléon III se trompa à Biarritz en continuant deux siècles trop tard contre l'Autriche la politique de Richelieu, l'Europe erra plus gravement encore en jugeant les Tuileries animées par l'esprit de Napoléon Ier. Entre les deux Bonaparte il n'y avait de commun que le nom. La méprise eut pour origine une rouerie du chancelier. Il produisit et donna comme inspiré par la France un écrit tracé sous sa dictée par le comte Benedetti où il était question d'annexer la Belgique ; l'écriture parut authentiquer le texte et Gladstone organisa cette ligue des neutres dont l'impassibilité favorisa le renversement de l'équilibre européen. L'opinion générale aurait dû cependant être éclairée par les événements dont le Luxembourg fut bientôt le témoin ; sa neutralité faillit être violée matériellement, et le fut en réalité moralement, par l'État qui l'avait proposée. Cette histoire, en apparence d'intérêt secondaire, vaut la peine d'être contée, car elle projette un jour singulier sur les faits actuels.

Un article de l'officieuse *Gazette de l'Allemagne du Nord* inaugura la campagne en accusant le grand-duché d'avoir pris parti entre les belligé-

1. Cité par Henri Welschinger, *La Neutralité de la Belgique* (*Débats*, 27 novembre 1914).

rants. Son gouvernement avait ordonné cependant des mesures extraordinaires. La direction du télégraphe avait été avisée de ne transmettre aucune dépêche compromettante, et peu après l'ouverture des hostilités un journaliste français fut expulsé. La presse d'outre-Rhin soutenait qu'une fraction de l'armée de Metz s'était réfugiée en territoire luxembourgeois, l'avait traversé avec ses armes et qu'aucune entrave n'avait été apportée à ses mouvements. Or « la concession du passage constitue, de la part du neutre, une violation de ses devoirs qui donne à l'autre partie un juste motif de le traiter en ennemi » (1). Bismarck adressa, le 3 décembre 1870, une note comminatoire déclarant qu'il ne se croyait plus obligé d'avoir égard à la neutralité du Luxembourg et qu'il se réservait d'exiger la réparation du préjudice causé. M. Servais riposta le 14 décembre et affirma qu'aucune troupe française ne s'était présentée à la frontière, mais seulement des évadés en vêtements civils et sans armes; que, d'autre part, on avait vu des soldats allemands en uniforme et que si personne ne les avait arrêtés, c'est parce que le Luxembourg n'avait pas d'armée (2). Cette réponse fut communiquée aux puissances signataires du traité de 1867 et approuvée par elles. Bismarck renouvela ses griefs au mois de

1. A. G. Heffter, *le Droit international de l'Europe*. Traduction Bergson, 3ᵉ édition. Berlin, 1873, p. 280.

2. G. Wampach, *le Luxembourg neutre*. Paris, 1900, in-8°, p. 203.

janvier 1871 ; il se plaignit sans rien préciser et exigea la cession de l'exploitation des chemins de fer Guillaume-Luxembourg. Le petit État neutre était trop faible pour résister et les prétentions de l'Allemagne furent consacrées par le traité de Francfort.

Proclamé non pas dans la capitale de la Prusse, à Berlin, mais à Versailles, en pays étranger, à la fin d'une guerre qui faisait suite à tant de guerres, l'empire des Hohenzollern ne devait son existence qu'au mépris des nationalités ; il avait fallu, pour réaliser l'unité allemande, briser successivement les aspirations de la Pologne et de la Silésie au XVIIIe siècle et au XIXe celles du Slesvig-Holstein, de la Hesse, du Hanovre, de l'Alsace et de la Lorraine. La cohésion de ces éléments disparates ne résultait point de leur évolution sociale ; elle reposait uniquement, comme cela fut avoué par le prince de Bismarck, « sur le fait d'une acquisition contestable dans bien des cas, obtenue par la dynastie en vertu du droit du plus fort » (1). C'était donc vainement que la France avait tenté de créer une morale européenne, en subordonnant l'annexion de la Savoie au vote préalable de ses citoyens. La Prusse, ce *Kriegsstaat*, suivant le mot de Hans Delbrück, n'a jamais connu que le *Vœ Victis* (2). Afin de garder ses conquêtes, elle les disciplina

1. Prince de Bismarck, *Pensées et souvenirs*. Traduction Jaeglé, 5e édition. Paris, 1899, in-8°, t. I, p. 368.

2. Charles Sarolea, *le Problème anglo-allemand*. Traduction Grolleau. Paris, 1915, in-12.

et militarisa non seulement les recrues de son armée, mais encore l'organisation administrative et même la pensée individuelle. Les universitaires se mirent à enseigner la philosophie de Treitschke ; ivres de force brutale et physique, leurs auditeurs admirèrent le matérialisme d'un Haeckel ou l'incrédulité d'un Strauss ; puisque la loi de la nature est l'écrasement des faibles par les forts dans la lutte pour la vie, les hommes politiques de tous les partis jugèrent que l'empire ne pouvait subsister qu'à la condition de s'accroître et d'exercer la suprématie. « Vivre, c'est grandir. » Tel fut le nouvel acte de foi d'une Allemagne devenue prussienne.

Or l'Allemagne ne peut grandir en Europe qu'aux dépens de la France et de ces petits États que le Congrès de Vienne et le traité de Londres avaient espacés de la Meuse à l'Aar comme les éléments d'une barrière mitoyenne entre deux éternels plaideurs. Dès le mois de février 1859, avant la campagne d'Italie, Moltke avait étudié le moyen de venir en aide à l'Autriche ; le mémoire qu'il rédigea propose de former en Prusse rhénane une armée de 300.000 hommes, de lancer cette masse à travers la Belgique et d'atteindre Paris en descendant la vallée de l'Oise (1). Il suffit de jeter les yeux sur un atlas pour voir dans quelle mesure l'état-major s'inspira de ce conseil et prépara l'offensive. Un formidable réseau de voies

1. Moltke, *Militærische Korrespondenz aus den Dienstschriften des Jahres* 1859. Berlin, 1902, in-8°, p. 41.

ferrées fut établi le long des frontières luxembourgeoise et belge, au milieu d'un pays sans richesses naturelles et presque sans habitants. D'Ehrang à Karthaus les quais d'embarquement ne sont pas interrompus ; la ligne qui s'éloigne de Trèves pour gagner la vallée de l'Alzette a été quadruplée. Plus au Nord, les camps de Malmédy et d'Eisenborn, susceptibles d'abriter 100.000 hommes, rendirent possible une attaque brusquée sur Liège et devaient permettre à un corps d'invasion de bousculer à Maubeuge les troupes françaises de couverture. « Quand on néglige toutes les conditions politiques, écrit le général de Bernhardi, on peut se représenter une guerre offensive de l'Allemagne contre la France, telle que l'aile Nord de l'armée allemande avancerait avec des armées échelonnées à travers la Hollande et la Belgique, l'extrême aile droite marchant le long de la mer, tandis que dans le Sud, les forces allemandes esquiveraient le choc de l'adversaire et se déroberaient par l'Alsace et la Lorraine vers le Nord pour laisser à l'adversaire la route libre sur l'Allemagne du Sud. Le progrès par échelons de l'aile marchante allemande contraindrait l'aile gauche de l'armée adverse à un grand changement de front et la mettrait, par cela seul, dans une situation désavantageuse ; au Sud, les Français seraient obligés de faire aussi une conversion à gauche (1). »

1. Général de Bernhardi, *la Guerre d'aujourd'hui*. Traduction Colin. Paris, 1913, in-8°, t. II, p. 337.

Les conditions politiques, « négligées » systématiquement par Bernhardi, ont été mises à l'écart par l'opinion. *Le Guide pour l'enseignement de la géographie*, par H.-A. Daniel, était arrivé en 1911 à sa 265e édition. Il se divise en quatre livres, dont le dernier a pour titre *l'Allemagne* et comprend sous ce nom : l'empire allemand, l'Autriche-Hongrie, la Suisse, la principauté de Liechtenstein, la Belgique, les Pays-Bas, le grand-duché de Luxembourg et le Danemark (1). Les visions de Treitschke sont progressivement devenues la folie de l'Allemagne : à quoi bon s'apitoyer sur les peuples faibles, reflets de ceux qui les entourent et satellites inutiles à la marche de l'humanité? La vie journalière sans doute y est agréable et les arts peuvent s'y développer ; mais leurs habitants se tiennent isolés des courants qui entraînent le monde et la politique ne s'y exerce que sur de petits objets ; ce sont des îlots stériles où ne fleurissent pas les grands orgueils. — Cette psychologie de parvenus, humiliés depuis Canossa par sept siècles d'anarchie intérieure et arrivés trop rapidement au faîte de la puissance, fut percée à jour par un souverain dont l'intervention a été rapportée par M. de Broqueville dans les termes suivants : « Un ami de la Belgique, chef d'État, a déclaré textuellement à notre roi : Je vous donne le conseil d'ami de vous consacrer

1. Cité par Paul Verrier, *la Folie allemande. Pages d'histoire*. Paris, 1914. Brochure in-12, p. 5.

sérieusement à votre propre défense, car le miracle de 1870, lorsque la Belgique resta intacte tout en étant entre deux armées ennemies, ne se renouvellera pas. »

Certains esprits comprenaient cependant que l'Allemagne n'avait rien à gagner avec la guerre ; l'extension prodigieuse de ses affaires mettait chaque jour un nouveau domaine dans son orbite économique et les dépendances commerciales préparaient sûrement, bien que lentement, les sujétions politiques. Quelques années de plus et l'empire aurait réalisé son plan de conquêtes grâce à la paix. Cette manière de voir fut longtemps attribuée à Guillaume II, mais il ne sut ou ne voulut pas résister à l'ardeur de son armée ; contre les agitations intérieures, les plus sûrs appuis d'une hiérarchie militaire ne sont-ils pas des soldats? Or l'empire fermentait ; il se plaignait de ce « mauvais chanteur » dont la voix n'avait résonné à Tanger que pour s'éteindre à la Conférence d'Algésiras et que couvrait les rumeurs des peuples balkaniques. L'imagination théâtrale du souverain lui fit redouter l'impopularité comme le plus grand mal dont puisse souffrir un homme public; il se laissa imposer un rôle dans le drame que son entourage conçut. Cette évolution, plus sentimentale qu'intellectuelle, a été remarquablement définie par M. Jules Cambon : « A mesure que les années s'appesantissent sur Guillaume II, les traditions familiales, les sentiments rétrogrades de la cour, et surtout l'impatience des militaires prennent plus d'empire sur son esprit. Peut-être éprouve-t-il on ne sait quelle jalousie de la popularité acquise par son fils (1). » Les pangermanistes, flattés par le prince héritier, en voulaient à l'univers de l'échec marocain ; ils voulurent remédier à leur insuffisance diplomatique par un coup de force. La triple déclaration de guerre à la Serbie, à la Russie et à la France mit le feu à l'Europe et le Hohenzollern put se faire applaudir comme Néron devant Rome incendiée.

Dès le premier jour de la crise, le gouvernement de Bruxelles remplit scrupuleusement ses obligations. M. Berryer, ministre de l'Intérieur, adressa le samedi 1er août aux autorités provinciales la circulaire suivante : « Au milieu des événements qui se préparent, la Belgique est décidée à défendre sa neutralité. Celle-ci doit être respectée, mais la nation a pour devoir de prendre à cet effet toutes les mesures que comporte la situation. Il importe donc que la population unisse ses efforts à ceux du gouvernement, en évitant toute manifestation qui serait de nature à attirer au pays des difficultés avec l'un ou l'autre de ses voisins ; à cet effet, il convient que MM. les bourgmestres prennent immédiatement des arrêtés interdisant tout

1. *Livre Jaune français :* Documents diplomatiques, 3e édition, Paris, 1914, in-8°, p. 20. L'explication de M. Jules Cambon semble plus conforme à la vraisemblance psychologique que celle de M. le baron Beyens, qui a négligé d'exposer les rapports de Guillaume II et du parti militaire ; c'était le nœud de la question (*Revue des Deux-Mondes*, mars et avril 1915).

rassemblement qui pourrait avoir pour objet de manifester des sympathies ou des antipathies à l'égard de l'un ou l'autre pays (1). » Les bourgmestres firent aussitôt placarder des affiches conformes à ces prescriptions. Le dimanche 2 août, quelques heures avant l'ultimatum, sur les instructions de M. Carton de Wiart, ministre de la Justice, le procureur du roi à Bruxelles fit saisir le journal *le Petit Bleu*, coupable d'avoir pris nettement le parti de la France.

Répondant à l'interpellation d'un député socialiste, le secrétaire d'état allemand aux affaires étrangères, M. de Jagow, avait proclamé en 1913 devant une commission du Reichstag que la neutralité de la Belgique avait été réglée par des conventions internationales et que le gouvernement de Berlin ferait honneur à la parole donnée. Ces assurances furent renouvelées le 2 août 1914 par le ministre de l'empire à Bruxelles, M. de Below; questionné par un journaliste, il lui dit : « Peut-être le toit de votre voisin flambera-t-il, mais votre maison restera intacte (2). » Below se présenta le soir même devant M. Davignon et lui remit une note exigeant un droit de passage pour les armées allemandes ; en cas de refus, la Belgique était menacée d'être traitée en ennemie ; on lui concédait douze heures pour se décider. Les craintes du général Brialmont, les prophéties du maréchal de Moltke,

1. Communiqué à la presse par la légation de Belgique à Paris.
2. *La Neutralité de la Belgique*. Édition officielle du gouvernement belge. Préface de M. Paul Hymans. Paris, 1915, in-8°, p. 22.

les menaces de Bernhardi et de Von der Goltz se trouvaient donc réalisées. Au Luxembourg, on ne fit même pas l'honneur d'un ultimatum. Le samedi 1er août, à sept heures du soir, avant que l'état de guerre eût été notifié à la France, des automobiles arrivèrent à Trois Vierges, station frontière, et s'arrêtèrent à la gare ; elles étaient occupées par des militaires prussiens qui pénétrèrent dans le bureau du télégraphe. Aux observations d'un gendarme luxembourgeois, l'officier qui commandait le groupe riposta : « Nous savons que nous sommes sur un territoire neutre ; nous exécutons les ordres que nous avons reçus (1). » Plus de 100.000 soldats défilèrent à travers la capitale du grand-duché pendant la nuit du 2 au 3 août. Des tranchées furent élevées sur les routes de Longwy et d'Arlon. Toutes les personnes suspectes de sympathies françaises furent arrêtées, transportées à Coblence et internées dans la forteresse d'Ehrenbreitstein. Les mandats d'amener avaient été préparés à l'avance.

Aucune voix ne s'est élevée de l'autre côté du Rhin pour excuser la violation du Luxembourg. Les philosophes du droit naturel n'avaient-ils pas affirmé que « les peuples neutres sont tenus de ne rien faire pour empêcher les mouvements de celui dont la cause est bonne », et Klüber n'est-il pas de cet avis? Or, le salut de l'État est la meilleure des causes, celle que personne ne saurait

1. *Gazette de Lausanne*, 6 novembre 1914.

discuter et si l'on objecte la signature apposée par l'Allemagne au bas de la charte de La Haye, il n'y a qu'à citer Clausewitz, invoquant la nécessité militaire comme une loi supérieure à toute loi. Le grand état-major de l'empire a publié, en 1902, une brochure intitulée: *Kriegsbrauch im land-kriege* (les lois de la guerre continentale), où le règlement international de 1899 est mis sur le même pied que l'ancien projet de Bruxelles, jugé avec le même dédain et regardé comme dénué de valeur obligatoire. Les traités ne sont pas des contraintes absolues, soutenait Henri de Treitschke, mais seulement des restrictions volontaires, sujettes à la répudiation de celui qui les a acceptées; il répétait volontiers qu'en matière de politique « la fin justifie les moyens ».

Tant que l'Allemagne se crut assurée d'une victoire rapide, il en fut de même à l'égard de la Belgique. Le fait crée le droit; pour légitimer l'invasion, il n'y avait besoin que du succès et de la conquête. On se rappelle la dépêche historique de Sir Edward Goschen au *Foreign Office :* « Herr von Jagow s'est étendu à nouveau sur les raisons qui avaient obligé le gouvernement impérial à prendre cette mesure, à savoir qu'il fallait pénétrer en France par la voie la plus rapide et la plus facile, de manière à prendre une bonne avance dans les opérations et à s'efforcer de frapper quelque coup décisif le plus tôt possible (1). » Le

1. *Livre Bleu anglais.* Traduction française, p. 137.

chancelier de Bethmann-Hollweg n'apporta aucun autre argument; à l'ambassadeur qui lui annonçait l'entrée en lice de l'Angleterre, il répliqua par cette harangue: « Pour un simple mot — neutralité — un mot dont en temps de guerre il n'a été si souvent tenu nul compte, pour un simple bout de papier la Grande-Bretagne allait faire la guerre à une nation à elle apparentée, qui ne désirait rien tant que d'être son amie... Il s'est écrié que ce que nous avons fait est inconcevable; c'est comme frapper par derrière un homme au moment où il défend sa vie contre deux assaillants. » M. de Bethmann-Hollweg estimait sans doute que la Belgique avait été frappée par devant.

Le Germain n'est décidément pas un ζῶον πολιτικον, un animal politique. La force qui occupe Anvers menace Londres; avoir cru possible que les intéressés ne le saisiraient point est un fait qui passe l'imagination. L'Angleterre intervint donc, non par haine d'une culture assez proche de la sienne, mais parce que la sauvegarde des petits États qui entourent la mer du Nord lui apparaît aujourd'hui comme un devoir vital. Elle a payé trop cher son attitude passive, en 1863, dans la question des duchés et l'abandon du Danemark par Lord Russel pèse encore, à cinquante ans d'intervalle, sur les événements avec le poids d'une faute trop lourde. La flotte commerciale de Hambourg et de Brême se trouva immédiatement bloquée par l'*Union-Jack* au fond des estuaires de la Weser et de l'Elbe; la résistance de Liège et la victoire française de la Marne firent comprendre aux généraux de l'empereur que la guerre serait longue et le problème du ravitaillement se posa. Privé de communications directes avec l'Atlantique, l'empire avait besoin des neutres. Il songea pour la première fois à se justifier.

On ne sait pas toujours improviser chez nos ennemis. Pour agir, les chefs eux-mêmes se conforment le plus souvent à d'anciens exemples et les ordres qu'il dictent ne sont qu'une obéissance à des préceptes formulés avant eux. Jusqu'au milieu d'octobre, le monde officiel ne trouva rien et les universitaires, en adressant au monde civilisé leur fameuse protestation, brandirent avec fureur l'arme inoffensive de la dénégation : « Il n'est pas vrai que l'Allemagne ait été la cause de cette guerre. Il n'est pas vrai que nous ayons violé de façon criminelle la neutralité de la Belgique. Il n'est pas vrai que nos soldats aient touché à la vie et à la propriété d'un seul citoyen belge sans y être obligés. Il n'est pas vrai que nos troupes aient ravagé brutalement Louvain. Il n'est pas vrai que notre manière de faire la guerre méconnaisse le droit des gens. » Il n'est pas vrai que le jour soit le jour ni que la nuit soit la nuit, a répliqué spirituellement une feuille vaudoise (1). Parmi les juristes allemands appartenant à l'Institut de droit international, un seul, le professeur von Liszt, a signé le manifeste des intellectuels. On peut tenir

1. *La Gazette de Lausanne*, 14 octobre 1914.

pour vraisemblable que ses collègues ont été invités à l'imiter. La même assurance dogmatique se retrouve sous la plume du professeur Adolf Lasson, écrivant à un étranger : « Nous faisons du bien à tous. Louvain n'a pas été détruit. La cathédrale de Reims n'a pas été démolie. L'Allemagne a enseigné au monde à diriger la politique avec conscience et à faire la guerre avec loyauté. »

C'est alors que M. de Bethmann-Hollweg consulta l'histoire de son prédécesseur le grand chancelier et le plagia. Bismarck, en 1870, avait reproché au Luxembourg d'avoir violé sa propre neutralité ; le ministre de Guillaume II fit accuser la Belgique, en termes analogues, d'une offense identique. S'opposer à la marche des armées impériales est s'immiscer dans la lutte et favoriser l'un des belligérants ; le gouvernement de Bruxelles a dénoncé par conséquent le traité de 1839 ; son pays mérite de subir le châtiment de sa duplicité. Tel est l'argument soutenu par la *Gazette de Voss.* Mais ce réquisitoire produisit mauvais effet en Suisse, même dans les cantons allemands, où le *Berner Tageblatt* s'indigna ; il fallait chercher autre chose. Après l'occupation de la capitale belge, on perquisitionna dans les bureaux des ministères et au bout de longues semaines la *Gazette de l'Allemagne du Nord* publia le 13 octobre trois documents : une carte du déploiement stratégique de l'armée française ; un prétendu accord, en date du 10 avril 1906, stipulant le concours de l'Angleterre dans l'hypothèse d'une invasion allemande ; enfin une dépêche du baron Greindl, ministre plénipotentiaire à Berlin, insistant sur l'éventualité d'une attaque française. Or, un État neutre, ajoute le communiqué, peut signer des conventions défensives, mais il doit en faire part à tous ses garants ; en laissant l'Allemagne, garante de la neutralité belge, dans une ignorance absolue, on la traitait comme une ennemie : cette dernière puissance n'a fait qu'assurer par des actes une défense légitime.

Malheureusement pour cette thèse, la dépêche du baron Greindl témoigne seulement de son absence de perspicacité ; la possession d'une carte stratégique par l'état-major du roi Albert démontre uniquement qu'il cherchait à se renseigner ; enfin la troisième pièce n'est pas un accord officiel, mais le simple procès-verbal d'une conversation privée entre individualités sans mandat. A aucune époque la Belgique n'a passé de contrat ni avec l'Angleterre, ni avec la France. « C'est en vain que l'Allemagne a fouillé et fouillera dans nos archives, dit M. Van den Heuvel, ministre d'État ; elle n'y trouvera pas la preuve de son affirmation (1). » Ces constatations dispensent de rechercher dans quelle mesure nos voisins étaient fondés à craindre pour leur indépendance. Mais les représentants de la science germanique n'y regardèrent pas de si près ; avec une foi de néophytes, ces éducateurs du sens

1. J. Van den Heuvel, *De la violation de la neutralité belge* (*Correspondant*, 10 décembre 1914, p. 637).

critique s'inclinèrent devant les paroles officielles comme devant une vérité révélée. « Autrefois, lorsqu'une guerre éclatait, on voyait souvent des écrivains célèbres consacrer leur plume à défendre la cause de leur souverain ; les jurisconsultes allemands tenaient pour un devoir de se charger de ce soin (1). » Frédéric II n'a-t-il pas écrit en meilleurs termes : « Je vous en prie, faites bien mon charlatan et prenez du meilleur orviétan et du bon or pour dorer vos pilules. »

Et les charlatans de s'évertuer. Chacun prôna sa drogue. Pour tout homme impartial, opine le professeur Bernatzik, l'affaire est claire ; Albert Ier s'est allié aux puissances de la Triple-Entente, non pour rester neutre, mais pour se joindre à elles (2). « Un peuple qui se conduit comme la Belgique, renchérit le professeur Daenell, ne saurait se plaindre de se voir traité selon le droit de la guerre. La Belgique a lâchement assailli l'Allemagne par derrière ; ce n'est pas l'Allemagne qui a attaqué sans raison la Belgique (3). » On ferait des volumes avec des phrases semblables. Si disciplinés qu'ils soient cependant, les avocats de l'empire se laissèrent aller à quelques maladresses ; ils n'arrivèrent pas à étouffer les accents de la

1. Schmalz, *le Droit des gens européen.* Traduction Léopold de Bohm. Paris. 1823, in-8° p. 222.

2. Article dans le *Neues Wiener Tageblatt.* Compte rendu dans *la Tribune de Lausanne*, 1er décembre 1914.

3. Professeur Daenell, *la Belgique complice de la guerre* (*Illustrirte Zeitung*. Leipzig, novembre 1914, n° 3726).

passion et dévoilèrent l'orgueil de l'éternelle Germanie. Il est bien souvent question, même dans les brochures adressées à la Hollande et à la Suisse, des territoires administrés par Frédéric Barberousse, héritage que l'Allemagne moderne devrait récupérer; on s'exprime avec trop de liberté sur l'existence des États parasites (*schmarotzerhaft*) et avec imprudence sur « le destin vital des immortelles grandes nations ». M. Friederich Naumann ne va-t-il pas jusqu'à écrire dans l'organe hebdomadaire *Die Hilfe*: « Même en admettant qu'il y ait eu en Belgique un sentiment de neutralité, le problème n'en subsiste pas moins du droit que peut avoir un petit État de se tenir, quelles que soient les circonstances, en dehors d'un travail historique de reconstitution. Les guerres sont maintenant un changement d'organisation dans le processus de l'évolution humaine... Comme il y a des États et des peuples en ascension et d'autres en décadence, il y a des jours où l'on fait les comptes et où l'on revise l'attribution des parts au gouvernement général du monde. Un tel jour vient de se lever. La lutte a pour enjeu la direction de l'humanité. Si sympathique que l'on puisse être aux vœux des neutres, on ne saurait admettre en principe leur droit de se tenir à l'écart du processus général de centralisation de la maîtrise de l'humanité. » Le processus, ô Molière!

Divers incidents ont montré comment les sujets de Guillaume II entendent la neutralité des peuples qu'ils n'ont pas envahis. Certaines maisons de commerce suisses ont reçu de leurs débiteurs allemands l'avis que le montant des créances avait été placé en bons de l'emprunt de guerre. M. Ernest Haeckel, professeur à Iéna, blâma par une lettre ouverte le peintre germanophile Ferdinand Hodler, coupable d'avoir signé la protestation contre le bombardement de Reims ; son tableau monumental, qui représente les étudiants de l'université saxonne partant en 1813 pour rejoindre Blücher, fut mis en vente. Un Genevois, M. Malsh, ayant flétri dans un journal les violences de l'armée prussienne, fut cité en diffamation par l'ambassadeur d'Allemagne à Berne. On se rappelle les aménités du professeur Lasson à l'égard des Néerlandais : « Ce petit royaume mène une existence tranquille à nos dépens ; il vit de sa vieille gloire et de son argent amassé depuis longtemps. La Hollande n'est qu'un appendice de l'Allemagne... Nous n'avons pour elle que peu de respect et peu de sympathie (1). » Cette déclaration a valu à son auteur une réprimande officielle ; mais le secrétaire à l'Office allemand des affaires étrangères, M. Zimmermann, n'a été censuré par personne ; distinguant l'indépendance économique de la Hollande et ses libertés politiques, il a certifié que sa constitution serait respectée après la guerre, sans rien promettre au sujet de son commerce.

M. Zimmermann n'a pas l'envergure d'un Tal-

1. Lettre publiée dans *la Revue hollandaise d'Amsterdam* et citée par *les Débats*, 20 novembre 1914.

leyrand. Si, par aventure, il entendait se couvrir, en invoquant la neutralité grecque, soutenait qu'elle aussi a été violée par les défenseurs de la Belgique, et essayait d'imposer silence à leur indignation, nous pourrions aisément répondre que la Grèce était liée avec la Serbie par un traité formel, que personne n'avait garanti sa neutralité, que son premier ministre nous avait appelés à l'aide et enfin que la France, en débarquant à Salonique, n'a fait qu'user du droit reconnu aux vainqueurs de Navarin par l'acte de 1836.

Les menaces de l'Allemagne ont porté leurs fruits et le blocus a forcé quelques-uns de ses voisins à prendre des mesures qui limitent l'exportation. Peut-être nos adversaires commencent-ils à redouter le sort des tribus de la Pannonie que Tibère et Germanicus réduisirent par la disette : « Ces peuples, qui faisaient tête si courageusement à 200.000 Romains, n'avaient pas compté sur un ennemi plus terrible, la faim ; les terres, laissées sans culture, ne donnèrent point de moissons, et une mortalité affreuse, causée par des aliments insalubres, les décima. Sans avoir été vaincus, ils cédèrent ; ils ne rendirent pas leurs armes, elles leur tombèrent des mains (1). » La situation actuelle n'est assurément pas identique et les hobereaux ont pu engranger leurs récoltes de seigle ; investis cependant dans la Baltique par des sous-marins, dans la Mer du Nord par une flotte, entourés par la muraille vivante

1. Victor Duruy, *Histoire des Romains*, t. IV, p. 125.

de nos armées; nos ennemis se trouvent assiégés dans leur pays et presque sans communication avec les autres nations de l'univers. Pendant combien de temps celles-ci se laisseront-elles intimider? L'exemple italien sera-t-il imité ? A part les gens prévenus, dont l'opinion se forme indépendamment de la justice, nul n'est de cœur avec nos adversaires, mais beaucoup ont eu l'esprit germanisé par l'éducation et certains éprouvent de la difficulté à mettre en doute la valeur de la méthode allemande. On n'estime pas assez les ressources de notre énergie. Pour dessiller les yeux, il faut une nouvelle victoire.

* * *

N'attendons, par conséquent, le succès que de nos efforts ; pesons avec une ténacité inlassable pour humilier les barbares et les forcer à brûler les idoles qu'ils adorent aujourd'hui. Il n'est pas exact que le droit se suffise toujours à lui-même dans un monde redevenu païen. Lorsque Constantin Dragascès luttait sous les murs de Byzance contre les Turcs, il défendait le patrimoine de l'indépendance et de la civilisation, et néanmoins pendant cinq cents ans Sainte-Sophie est restée musulmane et la ville aux mille tours porte encore la trace des boulets de Mahomet II. Il y a des peuples qui ont disparu parce qu'ils se sont abandonnés ; il y a des conquérants qui n'ont pas cherché à s'assimiler les vaincus, mais à les exterminer afin de prévenir les retours du destin ; les Incas, les Toltèques, les Chaldéens, les Khmers n'éveilleront jamais les divinités légendaires qui dorment écroulées au bas de leurs piédestaux. Persévérons donc ; croyons que le Dieu de Jeanne d'Arc aura soin de la fille aînée de son Église ; ayons confiance et soyons fiers. « Il y a un orgueil des armes qui trouve la force belle en soi, et se borne à étudier dans les guerres l'art des cruautés efficaces » ; cette superstition n'est pas compatible avec l'esprit du christianisme ; mais que l'épée vienne au secours d'intérêts généraux, alors « la guerre emprunte sa grandeur à la grandeur des causes servies. Dans la hiérarchie des gloires la primauté n'appartient jamais à la destruction. Les vraies victoires sont des berceaux, d'autant plus sacrés qu'y repose plus d'avenir (1). »

L'avenir que nos chefs préparent sur les champs de bataille est celui dont Philippe-Auguste a gratifié l'Europe au soir de Bouvines. A cette époque, comme en ce moment, les enseignes déployées opposaient non seulement deux pays, mais aussi deux principes : d'une part, l'ambition des souverains germaniques qui visaient à gouverner Rome et le monde, et tenaient chacune de ses parties pour un fief relevant d'un sceptre universel ; d'autre part, la politique des Capétiens qui laissaient aux provinces leurs coutumes, aux villes leurs

1. Etienne Lamy, Discours prononcé au septième centenaire de la bataille de Bouvines. Publications de l'Institut de France, 28 juin 1914.

privilèges, et assuraient leur couronne en s'attachant les champions de la liberté. Othon de Brunswick avait emprunté sa théorie du despotisme aux *Institutes* et aux *Pandectes* de Justinien ; s'appuyant au contraire sur les règles canoniques, nos rois se firent les auxiliaires du Saint-Siège et combattirent pour le droit des peuples. Or, les circonstances, à sept siècles d'intervalle, sont identiques. « Dieu ne permettra pas, a dit récemment le cardinal Hartmann, archevêque de Cologne, que la France athée et la Russie orthodoxe puissent détruire la vie religieuse florissante de l'Allemagne. » Même Allemand, un catholique ne peut-il voir que nos soldats se dévouent pour la catholicité? Oublie-t-il que l'extension du pangermanisme en Autriche à coïncidé avec le développement du luthéranisme ? Ignore-t-il que notre race, malgré l'incrédulité de quelques-uns, est encore celle qu'anime le plus grand esprit de sacrifice et la plus vive spiritualité ? Si respectueux qu'il soit de l'ordre ecclésiastique, un laïc de France peut rappeler à Mgr Hartmann les violences commises sur des religieuses et les profanations exercées sur des tabernacles ; dire qu'en présence de tels crimes, sa passivité est indigne de sa mission ; croire que l'Église allemande a dégénéré depuis Windthorst et juger que l'archevêque de Cologne, dignitaire apostolique, n'est plus qu'un cardinal d'état.

La guerre doit être poussée jusqu'au bout et finir par l'abaissement de l'Allemagne pour le salut de l'Europe. Mais quand le jour sera venu de restaurer, il faudra bien garantir notre labeur par une trêve analogue à celle qu'avait décrétée le concile de Clermont. Le second an mil qui approche doit voir comme le premier la terre se couvrir d'une blanche parure de maisons et d'églises. Est-ce aux arbitres de La Haye que nous demanderons d'organiser la paix ? Il semble que ces hommes, faillibles comme d'autres hommes et trop semblables à nous, n'aient point l'autorité requise. L'expérience ne l'a que trop prouvé. « Ni Rotteck, ni Bluntschli, ni Heffter, pensait Henri de Treitschke, ne sont qualifiés pour juger les États... Une telle fonction ne saurait revenir qu'à un pouvoir supérieur à ceux de ce monde... Nous ne voulons pas être régis par le pape... Il faut avouer cependant que seuls les ultramontains ont conçu logiquement le droit public... Pour eux, l'univers est une théocratie où les chefs des nations forment une communauté idéale ; ils sont gouvernés par le souverain pontife, dont ils reconnaissent la suprématie spirituelle. C'est l'unique système susceptible d'être mis en pratique (1).»

L'historien protestant énonçait ainsi l'antinomie qui existe entre l'Allemagne et le droit et reprenait, sans y adhérer, les idées politiques de Grégoire VII et d'Innocent III. L'époque où se sont constitués les États de l'Occident a été dominée par l'Église, parce que l'Église, au milieu de l'anarchie

1. *Treitschke. His life and works* p. 160.

féodale, sut redevenir une puissance de l'esprit. Quand le moine Hildebrand fut appelé à conseiller Léon IX, il trouva le Saint-Siège asservi, le pape soumis à l'empereur auquel il avait prêté un serment de fidélité, les jeunes nationalités de l'Europe, frémissantes depuis la dissolution de la puissance carolingienne, menacées par l'hégémonie du césar germanique. La Pologne, la Bohême et la Hongrie reconnaissaient la suprématie de Henri III; la Bourgogne avait été rattachée à son domaine et Rome n'était qu'une ville impériale payant contribution. Où trouver un libérateur? Le monde chrétien commençait à désespérer de ses guides; ne savait-il pas que le cadavre de Formose, arraché de sa tombe, avait été traduit en justice et condamné?

Un moine toscan, formé par la discipline de Cluny, avait appris dans sa retraite que le sacerdoce, fils de la lumière, est d'une essence supérieure à l'autorité des princes; que celle-ci doit lui être soumise et que c'est au principe supérieur qu'il appartient de gouverner le monde. Il reçut la tiare et prit en 1073 le nom de Grégoire VII. « C'est l'orgueil humain, croyait-il, qui a inventé le pouvoir des rois et c'est la pitié divine qui a établi celui des évêques. » Il délivra la papauté de la tutelle des empereurs, fit reconnaître au clergé son caractère universel, harmonisa les rites, régla la hiérarchie des prêtres et par cette unité fonda l'instrument qui allait réaliser l'indépendance des peuples. Grégoire VII succomba à la tâche, vit Rome saccagée par la soldatesque teutonne et se réfugia auprès de Robert Guiscard. « J'ai aimé la justice et haï l'iniquité, disait-il avec tristesse ; c'est pourquoi je meurs en exil (1). »

Mais la lutte un moment suspendue fut recommencée par un Français, Urbain II, et continuée sous Innocent III. Ce dernier trouva pour l'aider tous ceux que menaçaient le despotisme impérial et la victoire de Bouvines ébranla l'Allemagne jusque dans ses fondements. Les rois firent hommage au pape de leurs couronnes ; Pierre d'Aragon déposa la sienne sur l'autel de saint Pierre ; Jean Sans Terre fut excommunié pour ses crimes et le clergé britannique finit par lui arracher la *Grande Charte* des libertés anglaises. Les pontifes du moyen âge ont été véritablement des précurseurs ; on les trouve à l'origine de l'évolution qui a eu pour résultat la civilisation moderne. « Examinez bien, écrivait l'un d'eux, si ces rois et ces princes, auxquels vous vous dites soumis, sont réellement des rois et des princes ; examinez s'ils gouvernent bien, d'abord eux-mêmes, ensuite leurs sujets ; celui qui ne vaut rien par lui-même, comment peut-il conduire les autres ? Examinez s'ils règnent selon le droit, car sans cela il faut les regarder comme des tyrans, et nous devons leur résister au lieu de nous soumettre ; ne pas nous élever contre eux, serait favoriser leurs vices. »

1. Charles Schmidt, *Précis de l'histoire de l'Église d'Occident, pendant le moyen âge.* Paris, 1885, in-8°, p. 84.

Au moment où les nations de l'Europe, violées encore une fois par des hordes barbares, se tournent vers la source de lumière et attendent d'être réconfortées, verrons-nous l'Église accomplir son devoir traditionnel et se lever du côté de Rome un nouveau Grégoire VII? Pourrons-nous vérifier les deux termes de la formule par laquelle Malachie caractérise le pontificat d'aujourd'hui et celui de demain : *Relligio depopulata, triumphum Ecclesiæ?*

IMP. JOUVE ET Cie, 15, RUE RACINE, PARIS — 2955-15

0.60 " PAGES ACTUELLES " 0.60

Supplément

aux onze premières pages roses. Nomenclature des numéros des *Pages Actuelles* ultérieurement parus.

N° 23. *EN GUERRE, Impressions d'un Témoin*, par F. de Brinon.

N° 24. *LES ZEPPELINS*, par G. Besançon, Secrétaire général de l'Aéro-Club de France. *Illustré.*

N° 25. *LA FRANCE AU-DESSUS DE TOUT. Lettres de Combattants*, rassemblées par Raoul Narsy.

N° 26. *L'OPINION CATHOLIQUE ET LA GUERRE*, par Imbart de la Tour.

N° 27. *LA CHARITÉ ET LA GUERRE. Tableaux et croquis*, par G. Lechartier.

N° 28. *LES SURBOCHES*, par André Beaunier.

N° 29. *CONTRE LES MAUX DE LA GUERRE, Action publique et Action privée*, par Henri Joly.

N° 30. *LE GÉNÉRAL PAU*, par G. Blanchon.

N° 31. *L'ALLEMAGNE S'ACCUSE.* Pour servir à l'Histoire de la Guerre Européenne, par Jean de Beer.

N° 32. *PENDANT LA GUERRE. Lettres pastorales et Allocutions*, par S. E. le Cardinal Amette, Archevêque de Paris.

N° 33. *L'ALLEMAGNE ET LA GUERRE EUROPÉENNE*, par Albert Sauveur, professeur à Harvard University. Préface de Henri Le Chatelier, de l'Académie des Sciences.

N° 34. *LES CATHOLIQUES ALLEMANDS, HIER ET AUJOURD'HUI. Quelques précédents au cas du Cardinal Mercier*, par le comte Begouen.

N° 35. *NOTRE « 75 »*, par Francis Marre. *Illustré.*

N° 36. *L'OPINION AMÉRICAINE ET LA GUERRE*, par Henri Lichtenberger.

N° 37. *L'OCCUPATION ALLEMANDE A BRUXELLES RACONTÉE PAR LES DOCUMENTS ALLEMANDS.* Avis et proclamations affichés à Bruxelles du 20 Août 1914 au 25 Janvier 1915. Introduction par L. Dumont-Wilden.

N° 38. *A UN NEUTRE CATHOLIQUE*, par Mgr Pierre Batiffol.

N° 39. *DANS LES TRANCHÉES DU FRONT*, par Francis Marre.

N° 40. *L'ESPRIT PHILOSOPHIQUE DE L'ALLEMAGNE ET LA PENSÉE FRANÇAISE*, par Victor Delbos, de l'Institut.

N° 41. *LA FRANCE DE DEMAIN*, par Hébrard de Villeneuve.

N° 42-43. *COMMENT LES ALLEMANDS FONT L'OPINION.* Nouvelles de guerre affichées à Bruxelles pendant l'occupation. Introduction par L. Dumont-Wilden. 2 volumes.

N° 44. *LES CATHOLIQUES ESPAGNOLS ET LA GUERRE* par Maurice de Sorgues.

RECTIFICATIONS apportées
aux Bulletins de souscription des pages roses 12 et 15.

Page rose 12. " *Pages Actuelles* "

Conditions par nombre :

50 Nos *franco :* 22.50 (au lieu de 30 fr.)
100 Nos *franco :* 42 » (au lieu de 60 fr.)

Page rose 15. *La Vie Héroïque*

Les deux premières séries parues (41 conférences) sont en vente aux conditions indiquées à la page 15.

Une troisième série (10 numéros) est en cours de publication au prix de 3 fr.

La souscription simultanée aux trois séries est reçue au prix de 14 fr.

De Son Excellence M. Th. RIBOT, de l'Académie Française, Ministre des Finances.

« Je tiens à vous féliciter d'avoir entrepris cette publication qui contribuera très utilement à l'œuvre de la défense nationale. »

De M. le Général GALLIENI, Gouverneur Militaire de Paris.

« J'ai lu la plupart des fascicules parus de votre série de *Pages Actuelles*. C'est une lecture réconfortante. Elle montre à tous les Français les ressources dont dispose notre nation : chefs, soldats, matériel, richesses industrielles et économiques, etc., pour mener jusqu'au bout la lutte qu'elle a entreprise pour défendre sa liberté et son droit. »

De M. Paul DESCHANEL, de l'Académie Française, Président de la Chambre des Députés.

« Il n'est pas de propagande plus utile que la vôtre. Le choix des sujets, le talent des auteurs, font de votre collection un monument historique d'un prix inestimable. »

De Son Excellence M. H. CARTON DE WIART, Ministre de la Justice en Belgique.

« Félicite bien vivement MM. Bloud et Gay d'avoir entrepris cette excellente publication. »

De Son Excellence M. BERRYER, Ministre de l'Intérieur en Belgique.

... « Je connaissais déjà certains des travaux dus tant à des plumes belges qu'à des plumes françaises qui honorent la collection que vous avez eu l'heureuse initiative de publier, mais je me félicite de la diffusion nouvelle que vous donnez à des écrits si dignes, auxquels l'inimaginable campagne des calomnies allemandes confère en ce moment un caractère de haute et utile propagande. »

De Son Excellence M. VAN DER ELST, Ministre des Affaires Étrangères en Belgique.

... « Ces *Pages Actuelles* publiées par vos soins, de divers points de vue, offrent toutes un intérêt palpitant. Je vous félicite de l'heureuse idée que vous avez eue de faire cette édition. »

De Son Excellence M. G. HELLEPUTTE, Ministre de l'Agriculture et des Travaux publics en Belgique.

... « Je lirai avec le plus grand intérêt et vous félicite de l'heureuse idée que vous avez eue de publier la collection de ces brochures sur la guerre. »

De M. FRANZ SCHOLLAERT, Président de la Chambre des Représentants.

« Le choix judicieux de ces écrits, leur grand intérêt, le renom de leurs auteurs en font une collection attachante et précieuse que chacun voudra posséder. »

De Son Excellence M. R. VESNITCH, Ambassadeur de Serbie en France et en Belgique.

... « Je vous félicite de l'esprit qui a inspiré vos *Pages Actuelles* qui sont à l'honneur de la Librairie Française. »

De Mgr ALFRED BAUDRILLART, Recteur de l'Institut Catholique de Paris.

« Je ne saurais trop vous féliciter de l'heureuse et patriotique entreprise dont votre maison a assumé la charge et l'honneur, je veux dire la publication des *Pages Actuelles* 1914-1915.

« Toutes les brochures de cette collection que j'ai lues m'ont paru d'une rare valeur documentaire, d'une haute tenue morale, et d'une forme littéraire qui les rend aussi intéressantes qu'utiles à lire.

« Vos *Pages Actuelles* serviront au dehors la cause de la France ; elles éclaireront en particulier tous ceux qui, dans les pays neutres, croient encore de bonne foi que l'Allemagne représente dans le monde la cause de l'ordre et celle de la religion.

De M. ADRIEN MITHOUARD, Président du Conseil Municipal de Paris.

« Nous ne cherchons pas à dominer les autres peuples, ni à les ruiner, ni à les tromper. Ou le monde entier est avec nous, ou il ne sait pas qui nous sommes.

« Le patriotisme nous commande de nous faire connaître.

« C'est ce que vous avez entrepris en publiant cette série d'études qui éclaireront les neutres en même temps qu'elles réconforteront les Français.

« Gœthe, en mourant, a réclamé de la lumière. En voilà ! »

De M. MAURICE BARRÈS, de l'Académie Française.

... « Quant à ces catholiques mal renseignés qui prennent le Kaiser et ses bandes pour de saintes gens venant venger les offenses du ciel, donnons-leur à méditer une brochure de M. Auguste Mélot, intitulée « Le Martyre du Clergé belge » (*Pages Actuelles*).

« C'est édité chez Bloud et cela coûte soixante centimes. M. Mélot est député de Namur. Il a été chargé par le Gouvernement belge d'une mission auprès du Saint-Siège et ce sont les faits qu'il a signalés à Benoît XV qu'il nous relate et que je voudrais que les prêtres espagnols connussent. Qu'ils sachent les effroyables tourments germaniques infligés à leurs confrères belges et français, et croyez-moi, cher Monsieur Mérimée, ils donneront l'absolution à la libre pensée française, sans qu'il soit utile qu'on les presse d'y donner leur adhésion. »

De M. J. RICHEPIN, de l'Académie Française.

« Je viens de recevoir les douze plaquettes de vos *Pages Actuelles* dont plusieurs extraits m'étaient déjà connus, mais dont la collection complète m'est tout à fait précieuse. Je vous en adresse mes très vifs remerciements, auxquels je me permets de joindre mes félicitations, en vous priant de vouloir bien, Messieurs, agréer la cordiale assurance de mes meilleurs et tout dévoués sentiments. »

Du « CORRESPONDANT ».

« Excellent instrument de propagande, qui contribuera à réchauffer les cœurs et à éclairer les intelligences et qui pourra exercer sur les neutres la plus heureuse influence. Les sujets traités, se rapportant tous aux événements actuels, sont néanmoins très divers et signés de noms illustres ou connus. »

Du « JOURNAL DES DÉBATS ».

« Une louable émulation des écrivains et des éditeurs multiplie, au profit de la plus opportune des propagandes, les tracts d'actualité et les brochures documentaires. Voici que nous parviennent les premiers fascicules d'une collection qui procède du même esprit éducatif et se propose le même patriotique dessein. Les *Pages Actuelles* ont pour objet soit de recueillir, parmi les discours, articles de revues, documents, ceux dont il y a intérêt à faciliter la diffusion, soit de demander à des personnalités compétentes des études sur les problèmes principaux de l'heure présente. Ce qui a déjà paru de *Pages Actuelles* est du meilleur augure. On y trouve des noms qui sont familiers à nos lecteurs et dont plusieurs nous sont très chers. »

1. — Le Soldat de 1915. — Le Salut aux Chefs, par René Doumic, de l'Académie française.

La lecture faite à la séance publique des cinq Académies, le 26 octobre 1914, par René Doumic est ici très opportunément complétée par un article non moins émouvant du même auteur : *le Salut aux Chefs*. Ce charmant petit livre restera comme un hommage inoubliable de ceux qui tiennent la plume, — car c'est notre Académie française tout entière qui s'incline ici devant notre armée, — à ceux qui tiennent l'épée.

2. — Les Femmes et la Guerre de 1914, par Frédéric Masson, de l'Académie française.

M. Frédéric Masson entreprend dans cet opuscule de rendre un juste hommage à « cette troupe magnifique des femmes françaises qui ont voulu être infirmières et qui se sont montrées d'un dévouement, d'une abnégation, d'une générosité que jamais l'imagination la plus fertile n'eût pu formuler ». Cependant, comme il écrit pour être utile et non point seulement pour plaire, l'auteur a voulu signaler les insuffisances, les défectuosités qu'il a lui-même constatées *de visu*. Il ne craint point, entre autres questions, d'aborder franchement celle du rôle que les jeunes filles peuvent efficacement et décemment remplir auprès de nos blessés. Ici, comme sur d'autres points, il signale les améliorations souhaitables. Enfin, à côté du soin des malades, M. Frédéric Masson s'applique à montrer les multiples devoirs qui incombent en ces temps pénibles aux femmes françaises.

3. — La Neutralité de la Belgique, par H. Welschinger, de l'Académie des sciences morales et politiques.

Sous ce titre, M. Henri Welschinger, de l'Institut, publie la Conférence faite par lui à Bordeaux, le 10 novembre 1914, sur l'initiative du *Journal des Débats*, en y ajoutant des notes et pièces complémentaires importantes, et une bibliographie, de manière à donner au lecteur tous les renseignements que comporte ce grave sujet qui a été la cause de la guerre actuelle.

4. — Du XVIIIe siècle à l'Année sublime, par Étienne Lamy, de l'Académie française.

Dans l'ample discours qu'il prononça naguère à l'Académie française, M. Étienne Lamy a donné une description complète et définitive de la *culture française,* telle qu'elle se manifeste dans notre littérature nationale. Du XVIIIᵉ siècle à l'année 1914, « l'Année sublime », il poursuit l'évolution de la pensée française, il montre comment notre tradition, rompue de fait au XVIIIᵉ siècle, s'est depuis renouée, quel « esprit nouveau » s'est emparé de la jeunesse intellectuelle et quels espoirs s'élèvent en ce moment même pour une renaissance de ces lettres françaises dont nos ennemis se plaisaient à marquer la décadence. Et c'est une lecture consolante que celle qui, avec une si incontestable autorité, évoque déjà « les voix de demain ».

5. — L'Héroïque Serbie, par H. LORIN, professeur à la Faculté des Lettres de Bordeaux.

Cet opuscule contient la matière, revue et très augmentée, d'une conférence donnée par l'auteur à Bordeaux sous les auspices des *Débats*. Grâce à M. Lorin, nous connaîtrons mieux désormais les raisons profondes de notre solidarité, d'abord surprenante, avec une nation dont la bravoure loyale mérite nos plus actives sympathies.

6. — Rectitude et Perversion du Sens National, par Camille JULLIAN, membre de l'Institut, professeur au Collège de France.

M. Camille Jullian recherche ici « ce qu'est une nation, ce qu'elle doit être, ce qu'elle ne doit pas être ». Pour montrer ce qu'elle doit être, il choisit la nation la mieux connue de nous, la France. Pour montrer ce qu'elle ne doit pas être, il prend, par la force des choses, celle qui aujourd'hui s'attaque à la France : l'Allemagne. Chez l'une il décrit, avec tout le sang-froid et la sagacité de l'historien, une étrange hypertrophie du sens national, chez l'autre l'épanouissement normal de l'idée de patrie. Cette analyse, d'une impeccable rigueur scientifique, est toute pénétrée d'éloquence et d'émotion.

7. — CONTRE L'ESPRIT ALLEMAND. **De Kant à Krupp,** par Léon DAUDET.

Le présent opuscule poursuit et complète la besogne d'assainissement entreprise par l'illustre écrivain dans son livre désormais fameux : l'*Avant-Guerre*. On y trouvera tout le programme de la *réaction nationale* contre l'influence et l'action allemandes qui, après la paix, devra parachever l'effort admirable de nos soldats. L'auteur décrit l'*intellectualisme germanique*, la faveur injustifiée dont il a joui en France, et les moyens par lesquels l'esprit français, enfin libéré, établira de nouveau sa légitime suprématie sur l'esprit allemand.

8. — Patriotisme et Endurance, Lettre pastorale de S. Ém. le Cardinal MERCIER, Archevêque de Malines, aux fidèles de son diocèse. Noël 1914.

Il y aurait quelque impertinence à louer la magnifique lettre pastorale qui valut à l'éminent archevêque de Malines l'honneur des représailles allemandes. Il s'agit là en effet non point d'une œuvre d'auteur, mais d'un acte de courage. On peut bien dire pourtant que cette lettre est la page la plus superbe, le cri de l'âme le plus émouvant, la plus ineffaçable revendication que cette guerre ait inspirée. Élégamment présentée dans cette édition, dans un format commode, elle pourra figurer dans toutes les bibliothèques et y être conservée comme l'un des plus précieux souvenirs de l'année 1914.

9. — L'Armée du Crime, par VINDEX, *d'après le Rapport de la Commission française d'enquête.*

Condenser en un nombre restreint de pages et sous un format commode les plus décisifs des faits d'atrocité, des violations des lois de la guerre que la Commission française d'enquête a relevés à la charge des armées allemandes, tel est l'objet de cette brochure. D'autre part, la Commission a rédigé son rapport dans l'ordre même de ses constatations et comme elle exerçait son mandat, c'est-à-dire géographiquement. Il a paru qu'il ne serait pas inutile de retrouver les crimes du militarisme allemand disposés autrement, et rassemblés par catégories de faits. Dans une courte conclusion, l'auteur rapproche de ces faits, les engagements solennels signés par l'Allemagne dont ils constituent la cynique violation.

10. — La Cathédrale de Reims, par E. MÂLE.

Fumante, croûlante, noircie, la cathédrale de Reims ne sera bientôt plus qu'une grande ruine désolée, où l'on n'entendra d'autre bruit que celui des pierres qui, les unes après les autres, se détachent et tombent. Que faire en attendant qu'on vienne à son secours, sinon parler d'elle, de ses vertus, de sa beauté, et essayer d'expliquer sa perfection ? Personne, on en conviendra, n'était mieux désigné pour accomplir ce pieux devoir avec délicatesse, avec une science impeccable, que M. Emile Mâle, l'éminent historien de l'art au Moyen Age.

11. — Le Général Joffre, par G. BLANCHON, rédacteur au *Journal des Débats.*

Une esquisse biographique, discrète mais informée, un portrait moral finement brossé, voilà ce qu'on trouvera dans l'opuscule de M. Blanchon. Ancien officier de marine, lauréat de l'un des derniers concours de l'Académie française pour son remarquable ouvrage sur *le Cuirassé,* chroniqueur militaire des *Débats* depuis de longues années, M. Blanchon est un écrivain très au courant des choses de la guerre en même temps qu'un subtil analyste d'âme.

12. — Le Martyre du Clergé belge, par A. MÉLOT, député de Namur.

En publiant l'émouvant martyrologe du clergé belge d'après les dépositions authentiques des témoins, jusqu'ici inédites, et dont le dossier lui fut confié pour une mission officielle, M. A. Mélot, député de Namur, s'est proposé essentiellement, dit-il, « d'éclairer l'opinion des catholiques dans les pays neutres ». Le sang et les souffrances des prêtres assassinés, outragés, maltraités, les églises détruites ou profanées, tous ces crimes qui méritent l'universelle réprobation, doivent être étalés aux yeux de tous. Et rien ne sera plus propre à soulever l'indignation générale que cet exposé aussi sobre que douloureux, et basé sur les documents les plus incontestables.

13. — CONFIANCE. PRIÈRE. ESPOIR. Lettres sur la Guerre, par Sa Grandeur Mgr MIGNOT, archevêque d'Albi.

Les graves événements de 1914 ont, dans tous nos diocèses, inspiré aux évêques de France des pages émouvantes. L'éminent archevêque d'Albi s'est encore, s'il est possible, distingué parmi ses collègues de l'épiscopat. Ses Mandements, d'une si haute portée morale, d'une si magnifique tenue littéraire, d'une doctrine si profonde et si sûre, méritaient d'être présentés au grand public. Ils demeureront, avec la célèbre Lettre pastorale du Cardinal Mercier, comme une protestation inoubliable, par une voix des plus autorisées, de la conscience catholique.

14. — CONTRE L'ESPRIT ALLEMAND. Mesures d'Après Guerre, par Léon DAUDET.

A côté de la défense militaire, il est non moins nécessaire d'organiser, contre l'Allemagne, la défense nationale intellectuelle. Quel en peut, quel en doit être le programme ? Telle est la question que résout ici le célèbre polémiste Léon Daudet.

15. — La Basilique dévastée. DESTRUCTION DE LA CATHÉDRALE DE REIMS. FAITS ET DOCUMENTS, par VINDEX.

Dans un opuscule des *Pages Actuelles*, M. Émile Mâle, l'illustre archéologue, a dit tout ce qui pouvait être dit, au point de vue artistique, sur la cathédrale de Reims. Le petit livre de Vindex, purement documentaire, en est l'indispensable complément. L'auteur y réunit toutes les pièces authentiques : récits de témoins, dépositions officielles, constatations, protestations, explications allemandes, dont l'ensemble constitue le plus formidable et le plus irréfutable réquisitoire qui puisse être mis entre les mains des historiens impartiaux de l'avenir.

16. — Le Général Gallieni, par G. BLANCHON, rédacteur au *Journal des Débats*.

Quand le temps aura mis les gens et les choses dans leur recul, écrit M. Blanchon, le général Gallieni paraîtra l'une des plus grandes figures de notre histoire. Telle est bien, en effet, la conviction qu'on emporte de la lecture de cet opuscule, où se dessine dans un récit simple, fourni, vivant, la fière image du gouverneur militaire de Paris.

17. — Les Leçons du Livre Jaune, par H. WELSCHINGER, de l'Ac. des Sciences morales et politiques.

Personne ne conteste que, sur la guerre actuelle, le *Livre Jaune* ne soit le document essentiel, capital. On le lit peu cependant. C'est qu'en réalité, il n'est pleinement intelligible, pour la plupart, que s'il est accompagné d'un commentaire. M. Welschinger, en écrivant ledit commentaire avec sa connaissance si approfondie de l'histoire contemporaine, a rendu un service qui sera fort apprécié. Les pièces principales du *Livre Jaune* figurent dans l'opuscule, *in extenso*.

18. — La Signification de la Guerre, par Henri BERGSON, de l'Académie Française.

S'il est un nom, dont l'autorité intellectuelle et morale ne soit contestée en aucune partie du monde, c'est bien celui de l'illustre philosophe Henri Bergson. Aussi, bien qu'il n'ait point manifesté l'intention précise d'y répondre au trop fameux *Manifeste des 93 intellectuels allemands*, on peut bien dire que son magnifique Discours, prononcé naguère à l'Académie française, en est la réfutation la plus éloquente, celle, en tous cas, qui sera le plus sensible aux amis de la « Kultur ». L'auteur complète ici l'expression de sa pensée, en ajoutant à ce Discours l'allocution qu'il prononça quelques jours après, à l'Institut, une étude sur « *la Force qui s'use et celle qui ne s'use pas* », enfin un émouvant *Hommage au Roi Albert.*

19. — La Belgique en Terre d'Asile, par H. Carton de Wiart, Ministre de la Justice en Belgique.

Parmi les personnalités, toutes également sympathiques qui composent le gouvernement belge, M. Carton de Wiart était, dès avant cette guerre, l'une des plus populaires en France. On connaissait son talent d'écrivain, on appréciait sa parole éloquente. Ces dons exceptionnels, on les retrouve ici dans un discours prononcé naguère à l'Hôtel de Ville de Paris, dans une étude sur les Permanences du Sentiment national en Belgique, dans une allocution prononcée au récent banquet des Américains, etc., etc... La partie documentaire de l'opuscule où l'auteur reproduit une série d'Actes authentiques, dont la suite forme l'histoire officielle du Gouvernement belge depuis son départ pour la « terre d'asile », n'est pas la moins émouvante.

20. — Les Sous-Marins, par le lieutenant de vaisseau G. Blanchon.

Qu'est-ce qu'un sous-marin? Comment est-il construit? Quelle vie y mène-t-on? Quel sera son rôle dans la guerre actuelle? Quels sont ses ennemis les plus redoutables?... Toutes questions qui préoccupent, à juste titre, l'opinion et qui sont étudiées, dans un langage accessible à tous, par un auteur très compétent.

21. — Les Procédés de Guerre des Allemands en Belgique, par Henri Davignon.

Les procédés de guerre des Allemands semblent à première vue n'être que la simple manifestation d'un instinct brutal. Ils sont cela, en effet. Ils sont davantage encore ; la conséquence logique d'une certaine conception de la guerre. Les actes d'atrocité y apparaissent systématiques, constants, partout identiques. La cruauté y est méthodique et pleinement volontaire. Telle est l'idée directrice et la conclusion de cet opuscule où M. Davignon, Président de la Commission d'enquête instituée à Londres par son gouvernement, analyse et étudie, à la lumière des faits, les procédés de guerre des Allemands en Belgique.

22. — Le Roi Albert, par Pierre NOTHOMB.

M. Nothomb, trace de main de maître, un émouvant portrait du jeune roi, dont le « calme héroïsme » a, en un instant, conquis l'universelle admiration et la sympathie de toutes les âmes nobles. On retrouve dans cet opuscule le don d'écrivain pénétrant qui caractérise l'auteur de *la Belgique martyre*. Son talent de psychologue se manifeste ici par les nuances de l'analyse, par l'art avec lequel il a su, voulant rendre un hommage, n'être point cependant un simple panégyriste et faire vivre la physionomie de celui qu'on a déjà nommé « Albert le Grand ».

En guerre. IMPRESSIONS D'UN TÉMOIN, par F. DE BRINON, rédacteur au *Journal des Débats*.

Chargé par les *Débats* de décrire aux lecteurs de ce journal l'état d'esprit de nos troupes, de celles du front, des formations d'arrière, des évacués, des blessés, etc., M. F. de Brinon s'est acquitté de cette tâche avec une conscience, un talent d'écrivain, un sens du pittoresque, un don d'émotion qui ont été vivement remarqués. A parcourir ces pages, on voit d'ailleurs que la mission de l'auteur fut, aussi gracieusement que possible, favorisée par l'autorité militaire. Et cette circonstance leur assure un intérêt documentaire qui en centuple la valeur.

Les Zeppelins, par G. BESANÇON, secrétaire général de l'Aéro-Club de France. Avec figures.

Les Zeppelins constituent-ils, dans la guerre actuelle, la menace grave et précise qu'on imagine généralement? Et d'abord, qui est Zeppelin, et qu'est-ce qu'un Zeppelin? Comment est organisée la flotte aérienne allemande? Quelles sont ses possibilités d'attaque, ses moyens de défense, etc. Personne, on en conviendra, ne pouvait traiter ces questions avec plus de compétence que le distingué secrétaire général de l'Aéro-Club.

L'Opinion catholique et la Guerre, par M. IMBART DE LA TOUR, de l'Académie des Sciences morales et politiques.

L'opinion des catholiques, dans les divers pays qui ne participent point au conflit européen, ne nous est point unanimement favorable, et si cette situation ne peut être pour nous une surprise, elle n'en constitue pas moins un fait douloureux. Comment s'explique-t-il? Quelles en sont les causes? Par quels moyens peut-on espérer modifier cet état de choses? Tel est le problème qu'examine ici M. Imbart de la Tour, l'homme de France qui, peut-être, connaît le mieux et, en tous cas, a le mieux décrit l'histoire religieuse des temps modernes.

La France au-dessus de tout. LETTRES DE COMBATTANTS, par Raoul NARSY.

Quelle plus émouvante anthologie peut-on concevoir en ce moment que celle qui est faite avec des lettres de nos combattants. Comment ils vivent et comment ils meurent, nul ne peut nous le dire plus éloquemment qu'eux-mêmes. Encore, parmi ces lettres, est-il nécessaire de faire un choix, de même qu'il est nécessaire de les classer, de les grouper, de les situer. M. Raoul Narsy a réalisé ce choix et ce commentaire avec un tact et un art délicat qui font de ce petit livre une lecture qui plaira aux raffinés aussi bien qu'au grand public.

Le Canon de 75, par J. MARRE, chroniqueur scientifique au *Correspondant*. Avec figures.

M. J. Marre, l'un de nos chroniqueurs scientifiques les plus justement appréciés, donne ici une description du canon de 75, « le roi des batailles ». Cette description est d'une rigueur technique absolue : cependant, grâce au talent d'exposition de l'auteur, elle est accessible aux moins initiés. D'excellentes figures explicatives accompagnent le texte.

Lettres et Discours sur la Guerre, par Son Éminence le Cardinal AMETTE, Archevêque de Paris.

Etc., etc...

Bulletin de souscription

" Pages Actuelles "

Volumes in-16 à 0 fr. 60 le vol. . . . (*franco* 0 fr. 65).

Conditions par nombre

10 vol. *franco* : 5 fr. 50. . . . . (au lieu de 6 fr. 50)
20 vol. *franco* : 10 fr. . . . . (au lieu de 12 fr.)
40 vol. *franco* : 18 fr. 50. . . . . (au lieu de 26 fr.)

Je soussigné déclare souscrire aux 10 (*ou* 20) (*ou* 40) *premiers volumes à paraître dans la collection des* Pages Actuelles.

Ci-contre veuillez trouver mandat de 5 fr. 50 (*ou* 10 francs) (*ou* 18 fr. 50).

A détacher et envoyer directement à la Librairie Bloud et Gay, 7, Place Saint-Sulpice, Paris, VIe.

Nom et adresse :

1914-1915

La Vie Héroïque

Conférences données en l'église de Sainte-Madeleine, à Paris

Par l'Abbé A.-D. SERTILLANGES

Première Série (1914)

I. — Marie Modèle et Inspiratrice d'héroïsme.
II. — Ce que c'est que l'Héroïsme.
III. — Le Réveil de notre Foi.
IV. — Notre Espérance.
V. — La Charité et la Guerre.
VI. — La Prudence Française.
VII. — La Justice vengeresse.
VIII. — La Justice pénitente.
IX. — La Force d'âme.
X. — La Magnanimité.
XI. — La Constance, la Patience, la Persévérance.
XII. — La Gloire des Morts.
XIII. — La Vertu purificatrice de la guerre.
XIV. — L'Amitié française.
XV. — L'Amitié dans les luttes.
XVI. — La Fraternité d'armes.
XVII. — La Sainte Alliance.
XVIII. — La Bienfaisance fraternelle.
XIX. — Magnificence et Munificence.
XX. — Le Noël Français.

Chaque conférence : 0 fr. 30.

Deuxième Série (1915)

XXI. — Les Enfants de France.
XXII. — La Marche à l'Étoile.
XXIII. — La Miséricorde.
XXIV. — La Piété Patriotique.
XXV. — Pour la Discipline.
XXVI. — Nos Prêtres.
XXVII. — La Messe aux armées.
XXVIII. — La Femme Française.
XXIX. — Épouses et Mères.
XXX. — Nos Jeunes Filles.

Chaque conférence : 0 fr. 30.

Abbé THELLIER DE PONCHEVILLE

Pour ceux qui luttent, Pour celles qui souffrent

VIATIQUE DE GUERRE

1 vol. in-16 (troisième édition)............... Prix : 1 fr. 50

Voir page IV

Imp. J. Mersch, 17, villa d'Alésia.- Paris-14e. — 18.942

www.ingramcontent.com/pod-product-compliance
Ingram Content Group UK Ltd.
Pitfield, Milton Keynes, MK11 3LW, UK
UKHW012054240726
13965UKWH00003B/1281